互联网营销系列丛书

搜索引擎营销实战技术

车云月 主编

清华大学出版社
北 京

内 容 简 介

近年来，搜索引擎营销受到企业普遍重视，对于企业来说做好搜索引擎营销可以直接带来用户和提升业绩，而搜索引擎营销做得不好不仅影响企业业绩还会增加企业成本。本书将实战经验与案例分析相结合，从多个角度对搜索引擎营销进行全面讲解，以帮助读者全面整体地把控搜索引擎营销。

本书封面贴有清华大学出版社防伪标签，无标签者不得销售。
版权所有，侵权必究。举报：010-62782989，beiqinquan@tup.tsinghua.edu.cn。

图书在版编目（CIP）数据

搜索引擎营销实战技术 / 车云月主编. —北京：清华大学出版社，2018（2025.1重印）
（互联网营销系列丛书）
ISBN 978-7-302-46526-3

Ⅰ. ①搜… Ⅱ. ①车… Ⅲ. ①电子商务—市场营销学 Ⅳ. ①F713.365.2

中国版本图书馆CIP数据核字（2017）第025642号

责任编辑：杨静华
封面设计：刘　超
版式设计：李会影
责任校对：何士如
责任印制：沈　露

出版发行：清华大学出版社
　　　　网　　址：https://www.tup.com.cn, https://www.wqxuetang.com
　　　　地　　址：北京清华大学学研大厦A座　　邮　　编：100084
　　　　社 总 机：010-83470000　　　　　　　　邮　　购：010-62786544
　　　　投稿与读者服务：010-62776969，c-service@tup.tsinghua.edu.cn
　　　　质量反馈：010-62772015，zhiliang@tup.tsinghua.edu.cn
印 装 者：涿州市般润文化传播有限公司
经　　销：全国新华书店
开　　本：185mm×260mm　　　印　　张：14.75　　　字　　数：351千字
版　　次：2018年1月第1版　　　印　　次：2025年1月第7次印刷
定　　价：52.80元

产品编号：074048-01

编委会成员

策　划：车立民
主　编：车云月
副主编：刘　洋　李海东　张　亮　许长德　周　贤
编　审：徐　亮　王　静　才　奇　刘经纬　侯自凯　高瑛玮　赵媛媛　王红妹
　　　　郝熙菲　王　昆　杨文静　路　明　秦　迪　张　欠　邢景娟　张鑫鑫
　　　　赵　辉　滕宇凡　李　丹

本 书 说 明

近年来，搜索引擎营销受到企业普遍重视，对于企业来说，做好搜索引擎营销可以直接带来用户和提升业绩，而搜索引擎营销做得不好不仅影响企业业绩还会增加企业成本。本书将实战经验与案例分析相结合，从多个角度对搜索引擎营销进行全面讲解，以帮助读者全面整体地把控搜索引擎营销。

本书适用人群

本书适合百度推广初学者和希望进一步提升搜索引擎营销优化能力的读者阅读，也可以作为对百度推广感兴趣的读者的自学用书。本书在讲解过程中应用了大量真实案例，内容由浅入深、通俗易懂，能够帮助读者快速掌握百度运营技术。通过本书，可以全面了解百度推广工作的规则、策略，确立科学的推广观念和思路，掌握实用的推广方法与技巧，并能帮助读者规划职业发展方向，成为专业的百度推广运营者。

章节内容：

- 第 1 章：了解搜索引擎营销（SEM）的含义、搜索引擎营销的表现形式及发展历程、搜索引擎营销的价值和搜索引擎营销的岗位和职责。
- 第 2 章：百度推广的基本规则，阐述了搜索引擎营销的原理和基本模式，使读者能够从根本上认识搜索引擎及其营销价值，为搜索引擎营销工作的开展奠定基础。
- 第 3 章：熟悉百度搜索推广流程及搭建，熟悉如何添加、优化关键词，优化广告创意。
- 第 4 章：介绍百度网盟不同产品线的适用环境及功能，学习网盟推广中的常见策略及数据分析。
- 第 5 章：熟悉移动端推广的概念和优化技巧、移动网盟推广的步骤和重要性。
- 第 6 章：介绍百度为提升推广效率开发的工具，讲解了工具的功能及操作，便于读者明确工具的针对性和使用环境。
- 第 7 章：百度品牌推广工具的功能和使用技巧。
- 第 8 章：讲解数据分析的重要性、原理以及概念，优化账户数据的技巧、方法、思路和方案制作。
- 第 9 章：回顾整个知识点，熟悉整体课程体系讲解的内容。

本书最大的特点是以案例和实战为主，在实践中学习技能点，注重营销策划和实际操作。在学习过程中希望读者能多思考多动手，勤于实践和总结。

在编写过程中,新迈尔(北京)科技有限公司教研中心通过岗位分析、企业调研,力求将最实用的技术呈现给读者,以达到培养技能型专业人才的目标。

虽然经过了精心的编审,但难免存在不足之处,希望读者朋友提出宝贵的意见,以趋完善,如果在使用中遇到问题可发邮件至 zhoux@itzpark.com,在此表示衷心感谢。

技术改变生活,新迈尔与您一路同行!

序 言

近年来,移动互联网、大数据、云计算、物联网、虚拟现实、机器人、无人驾驶、智能制造等新兴产业发展迅速,但国内人才培养却相对滞后,存在"基础人才多、骨干人才缺、战略人才稀,人才结构不均衡"的突出问题,严重制约着我国战略新兴产业的快速发展。同时,"重使用、轻培养"的人才观依然存在,可持续性培养机制缺乏。因此,建立战略新兴产业人才培养体系,形成可持续发展的人才生态环境刻不容缓。

中关村作为我国高科技产业中心、战略新兴产业的策源地、创新创业的高地,对全国的战略新兴产业、创新创业的发展起着引领和示范作用。基于此,作者所负责的新迈尔(北京)科技有限公司依托中关村优质资源,聚集高新技术企业的技术总监、架构师、资深工程师,共同开发了面向行业紧缺岗位的系列书,希望能缓解战略新兴产业需要快速发展与行业技术人才匮乏之间的矛盾,能解决企业需要专业技术人才与高校毕业生的技术水平不足之间的矛盾。

优秀的职业教育本质上是一种更直接面向企业、服务产业、促进就业的教育,是高等教育体系中与社会发展联系最密切的部分。而职业教育的核心是"教""学""习"的有机融合、互相驱动。要做好"教",必须要有优质的课程和师资;要做好"学",必须要有先进的教学和学生管理模式;要做好"习",必须要以案例为核心、注重实践和实习。新迈尔(北京)科技有限公司通过对当前国内高等教育现状的研究,结合国内外先进的教育教学理念,形成了科学的教育产品设计理念、标准化的产品研发方法、先进的教学模式和系统性的学生管理体系,在我国职业教育正在迅速发展、教育改革日益深入的今天,新迈尔(北京)科技有限公司将不断沉淀和推广先进的、行之有效的人才培养经验,以推动整个职业教育的改革向纵深发展。

不论是"互联网+"还是"+互联网",未来企业的发展都离不开互联网,尤其是企业的品牌推广和产品营销领域。基于对行业领军企业的调研和与行业专家的深度访谈,新迈尔(北京)科技有限公司精准把握未来行业发展趋势,携手行业资深互联网营销工程师开发的电子商务系列课程覆盖了电子商务、网络营销和跨境电商3个方向,以满足营销人员不同的职业选择和发展路径。互联网营销是一个更新迭代较快的行业,新技术、新平台层出不穷,本系列图书吸收了行业最新的技术和经典案例,目标是让读者精通技术、善于营销、学会策划、强于实战,让营销人才更懂用户、产品和互联网,实现学生高薪就业和营销创业。

以任务为导向、通过案例教学、注重实战经验传递和创意训练是本系列图书的显著特点。转变了先教知识后学应用的传统学习模式,改善了初学者对技术类课程感到枯燥和茫然的学习心态,激发学习者的学习兴趣,打造学习的成就感,建立对所学知识和技能的信心，是对传统学习模式的一次改进。

互联网营销系列丛书具有以下特点：

- ➢ 以就业为导向：根据企业岗位需求组织教学内容，就业目的非常明确。
- ➢ 以实用技能为核心：以企业实战技术为核心，确保技能的实用性。
- ➢ 以案例为主线：教材从实例出发，采用任务驱动教学模式，便于掌握，提升兴趣，从本质上提高学习效果。
- ➢ 以动手能力为合格目标：注重培养实践能力，以是否能够独立完成真实项目为检验学习效果的标准。
- ➢ 以项目经验为教学目标：以大量真实案例为教学的主要内容，完成本课程的学习后，相当于在企业完成了多个真实的项目。

信息技术的快速发展正在不断改变人们的生活方式，新迈尔（北京）科技有限公司也希望通过我们全体同仁和您的共同努力，让您真正掌握实用技术，变成复合型人才，实现高薪就业和技术改变命运的梦想，在助您成功的道路上让我们一路同行。

作　者

2017 年 2 月于新迈尔（北京）科技有限公司

目 录
Contents

第 1 章 搜索推广概述 ·· 1
1.1 SEM 的含义 ··· 2
1.1.1 含义 ·· 2
1.1.2 国内搜索引擎的种类 ·· 2
1.1.3 国外搜索引擎的种类 ·· 4
1.2 SEM 的表现形式及发展历程 ··· 6
1.2.1 PC（电脑端）搜索推广表现形式 ·· 6
1.2.2 移动推广的表现形式 ·· 7
1.2.3 品牌专区及品牌地标的表现形式 ··· 8
1.2.4 SEM 的发展历程 ··· 9
1.3 SEM 的价值 ··· 11
1.4 SEM 的岗位与职责 ··· 14
本章总结 ·· 17
本章作业 ·· 17

第 2 章 搜索推广的基础原理 ·· 18
2.1 百度搜索引擎简介 ·· 19
2.1.1 百度搜索引擎发展历程 ·· 19
2.1.2 百度搜索引擎发展趋势 ·· 22
2.2 搜索推广概论 ··· 26
2.2.1 搜索引擎竞价推广的原理 ··· 26
2.2.2 主界面展示和搜索推广竞价优势 ··· 26
2.2.3 搜索推广基本模式 ··· 28
2.2.4 用户搜索途径 ·· 28
2.3 搜索推广展现规则及形式 ·· 29
2.3.1 百度推广的展现形式及规则 ··· 29
2.3.2 搜索推广展现形式 ··· 30
2.4 百度账户推广流程简介 ··· 31
2.5 搜索推广排名原理 ·· 33
2.5.1 搜索推广价格排名原理 ·· 33
2.5.2 关于质量度 ··· 34
2.5.3 关于出价 ·· 38
本章总结 ·· 39

本章作业 ………………………………………………………………………………… 39

第3章 百度搜索推广 ………………………………………………………………… 40

3.1 概述 ………………………………………………………………………………… 41
3.1.1 百度搜索推广流程 ………………………………………………………… 41
3.1.2 百度搜索推广方案 ………………………………………………………… 41
3.1.3 后台登录页面介绍 ………………………………………………………… 42

3.2 百度账户开户流程 ……………………………………………………………… 44
3.2.1 搜索引擎平台开户费用介绍 ……………………………………………… 44
3.2.2 如何加入百度推广 ………………………………………………………… 45
3.2.3 百度账户中心介绍 ………………………………………………………… 46

3.3 账户结构搭建及优化 …………………………………………………………… 46
3.3.1 搭建及优化 ………………………………………………………………… 46
3.3.2 账户结构设置通用技巧 …………………………………………………… 48
3.3.3 不同类型账户的结构划分 ………………………………………………… 49
3.3.4 搭建百度竞价结构 ………………………………………………………… 49
3.3.5 搭建账户结构的作用 ……………………………………………………… 49

3.4 关键词寻找与扩展 ……………………………………………………………… 51
3.4.1 关键词 ……………………………………………………………………… 51
3.4.2 寻找核心关键词 …………………………………………………………… 52

3.5 关键词分组与添加 ……………………………………………………………… 54
3.5.1 关键词分组 ………………………………………………………………… 54
3.5.2 组合使用关键词的分组方法 ……………………………………………… 56
3.5.3 关键词添加规则 …………………………………………………………… 57
3.5.4 添加关键词步骤 …………………………………………………………… 57
3.5.5 批量添加关键词 …………………………………………………………… 58

3.6 关键词匹配模式 ………………………………………………………………… 60
3.6.1 关键词匹配原理 …………………………………………………………… 60
3.6.2 关键词匹配模式实例演示 ………………………………………………… 62
3.6.3 关键词匹配模式使用技巧 ………………………………………………… 64

3.7 质量度优化 ……………………………………………………………………… 67

3.8 关键词出价和排名 ……………………………………………………………… 69
3.8.1 了解关键词出价原理 ……………………………………………………… 69
3.8.2 关键词排名估算 …………………………………………………………… 70
3.8.3 关键词排名查看 …………………………………………………………… 70
3.8.4 优化关键词出价 …………………………………………………………… 73

3.9 广告创意优化策略 ……………………………………………………………… 74
3.9.1 创意的含义 ………………………………………………………………… 74
3.9.2 创意的基本要求和规则 …………………………………………………… 74
3.9.3 创意的组成和展现位置 …………………………………………………… 76
3.9.4 创意的优化技巧及样式 …………………………………………………… 77

		3.9.5	移动出价比例	83
		3.9.6	URL 设置	83
		3.9.7	显示 URL 应用	85
	3.10	账户设置与综合演练		85
		3.10.1	设置推广地域	86
		3.10.2	每日预算	87
		3.10.3	设置推广时段	88
		3.10.4	IP 排除	88
	本章总结			89
	本章作业			90
第 4 章	百度网盟推广			91
	4.1	网盟推广		92
		4.1.1	网盟推广概述	92
		4.1.2	网盟推广的优势	92
		4.1.3	网盟的营销价值和特点	93
		4.1.4	网盟的种类	94
	4.2	网盟的注册与账户搭建		94
		4.2.1	搭建账户	94
		4.2.2	百度网盟的结构	95
		4.2.3	百度网盟创意的制作	100
		4.2.4	百度网盟创意的上传	101
	4.3	网盟推广投放及定向		101
		4.3.1	网盟推广投放方案制定	101
		4.3.2	推广投放流程	102
		4.3.3	推广目标设定	103
		4.3.4	投放策略制定	103
		4.3.5	精细投放	104
		4.3.6	计费方式	105
		4.3.7	创意撰写	106
		4.3.8	了解百度网盟不同的人群定向方式	107
	4.4	网盟推广的数据监控		110
		4.4.1	网盟数据监控方法	110
		4.4.2	网盟推广的优化工具	112
		4.4.3	网盟推广增值工具	113
	本章总结			119
	本章作业			119
第 5 章	移动搜索推广			120
	5.1	移动搜索推广概述		121
		5.1.1	当前移动端趋势	121
		5.1.2	移动搜索推广	121

5.2 无线搜索 APP 推广 ······125
　　5.2.1 为什么做无线搜索 APP 推广 ······125
　　5.2.2 如何加入无线搜索 APP 推广 ······127
5.3 移动网盟推广 ······128
　　5.3.1 认识移动网盟 ······128
　　5.3.2 如何开展移动网盟推广 ······129
5.4 百度移动建站 ······130
　　5.4.1 百度名片 ······130
　　5.4.2 Site App 建站工具 ······135
5.5 百度移动推广优化技巧 ······137
　　5.5.1 移动站点质量度优化 ······137
　　5.5.2 移动搜索推广优化 ······139
本章总结 ······141
本章作业 ······142

第 6 章 百度推广工具介绍及使用 ······143

6.1 分析工具——百度统计 ······144
　　6.1.1 百度统计的含义 ······144
　　6.1.2 百度统计的功能 ······144
　　6.1.3 百度统计的优势 ······145
　　6.1.4 如何使用百度统计 ······146
6.2 百度统计客户端 ······150
　　6.2.1 百度客户端简介 ······150
　　6.2.2 推广客户端的主流平台 ······151
　　6.2.3 百度推广手机版 ······153
6.3 商桥沟通工具——百度离线宝 ······155
　　6.3.1 百度离线宝 ······155
　　6.3.2 百度商桥 ······157
　　6.3.3 商桥优势 ······162
6.4 百度指数 ······163
本章总结 ······166
本章作业 ······167

第 7 章 百度品牌类产品介绍 ······168

7.1 品牌专区 ······169
7.2 PC 品牌专区的展现样式 ······169
7.3 无线品牌专区的展现样式 ······175
7.4 品牌华表 ······176
7.5 品牌起跑线 ······178
本章总结 ······181
本章作业 ······181

第 8 章 数据分析与方案制作 · 182

- 8.1 数据分析 · 183
- 8.2 了解数据准备的基本概念 · 184
- 8.3 Execl 录入技巧 · 185
  - 8.3.1 粘贴技巧 · 186
  - 8.3.2 填充技巧 · 187
  - 8.3.3 查找技巧 · 188
- 8.4 数据分析方法 · 189
  - 8.4.1 数据整理与汇总 · 189
  - 8.4.2 竞价账户优化的 4 种方法 · 190
- 8.5 方案制作 · 196
  - 8.5.1 互联网营销的因素 · 196
  - 8.5.2 方案制作思路 · 198
- 本章总结 · 200
- 本章作业 · 200

第 9 章 百度竞价知识点总结 · 201

- 9.1 百度搜索推广重点回顾 · 202
  - 9.1.1 网络营销基础 · 202
  - 9.1.2 百度搜索推广 · 203
- 9.2 数据分析 · 207
- 9.3 网盟推广知识点回顾 · 209
  - 9.3.1 网盟推广 · 209
  - 9.3.2 移动端推广知识点回顾 · 212
  - 9.3.3 推广客户端知识点回顾 · 213
  - 9.3.4 手机版知识点回顾 · 213
- 9.4 综合案例分析 · 214
  - 9.4.1 案例说明 · 214
  - 9.4.2 PC 端百度搜索推广账户搭建及设置 · 214
  - 9.4.3 PC 端网盟账户搭建及创意制作 · 215
  - 9.4.4 数据分析及账户优化 · 216
  - 9.4.5 方案制作 · 217
- 本章总结 · 218
- 本章作业 · 218

版权声明 · 219

搜索推广概述

本章简介

在 2000 年，我国的搜索引擎营销技术已形成和发展，百度搜索引擎开始对国内进行开放性检索，因此互联网营销也称为网络营销。即以国际和国内互联网为基础，利用数字化的信息和网络媒体的交互性来实现营销目标的一种新型的市场营销方式。互联网营销概念的同义词包括网上营销、网络营销、在线营销、网络行销等。笼统地说，互联网营销就是以互联网为主要手段开展的营销活动。随着我国民用信息科技的发展，依托于互联网这种便捷化产品展示平台的营销技术也越来越受到行业的重视，且影响着我们生活的方方面面。

本章主要讲解搜索引擎营销的付费推广模式的概念与原理，并且针对 SEM（搜索引擎营销）的营销操作中最常见的竞价推广相关的工作岗位和职责进行详细讲解。

本章任务

了解 SEM 的含义、表现形式及发展历程、价值以及搜索引擎营销的岗位种类和职责。

本章目标

- 掌握 SEM 的含义。
- 掌握 SEM 给企业和自身带来的价值。
- 掌握 SEM 工作岗位的职责和要求。

预习作业

请阅读本章内容，完成以下简答题：
1. SEM 的价值。
2. SEM 的岗位种类。
3. SEM 专员的职责。
4. SEM 给企业带来的价值。

1.1 SEM 的含义

1.1.1 含义

搜索引擎营销（Search Engine Marketing，SEM），根据搜索引擎提供信息"检索"服务的网站，使用某些程序把互联网上的所有信息归类以帮助用户在茫茫网海中搜寻所需要的信息。

简单来说，搜索引擎营销就是基于搜索引擎平台的网络营销，利用人们对搜索引擎的依赖和使用习惯，在人们检索信息时将信息传递给目标用户。企业通过搜索引擎付费推广，让用户主动找到企业，并点击企业的广告，最终和企业产生联系。

1.1.2 国内搜索引擎的种类

国内常用搜索引擎类型主要有百度、搜狗、360、神马，神马主要是一款针对手机端移动的搜索引擎，如图 1.1 所示。

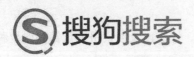

图 1.1 国内搜索引擎种类

1. 百度

百度是全球最大的中文搜索引擎、最大的中文网站。2000 年 1 月由李彦宏创立于北京中关村，致力于向人们提供"简单，可依赖"的信息获取方式。"百度"二字源于中国宋朝词人辛弃疾的《青玉案·元夕》词句"众里寻他千百度"，象征着百度对中文信息检索技术的执着追求。

2015 年 1 月 24 日，百度创始人、董事长兼 CEO 李彦宏在百度 2014 年会暨十五周年庆典上发表的主题演讲中表示：15年来，百度坚持相信技术的力量，始终把简单、可依赖的文化和人才成长机制当成最宝贵的财富。他号召百度全体员工，向连接人与服务的战略目标发起进攻。2015年11月18日，百度与中信银行发起设立百信银行。2016年7月15日，百度在西安成立"百金互联网金融资产交易中心"。

2. 360

奇虎360是由周鸿祎于2005年9月创立的，以主营360杀毒为代表的免费网络安全平台和拥有问答等独立业务的公司。该公司主要依靠在线广告、游戏、互联网和增值业务创收。

2014年1月15日，奇虎360宣布进军台湾，授权希悦资讯为台湾地区总代理。

2015年2月4日，内部人士确认，奇虎360公司斥巨资收购国际顶级域名360.com，收购价格为1700万美元，约合人民币1.1亿元。目前，360.com的whois信息已经更改为北京奇虎科技有限公司。

奇虎360拥有360安全卫士、360安全浏览器、360保险箱、360杀毒、360软件管家、360手机卫士、360极速浏览器、360安全桌面、360手机助手、360健康精灵、360云盘、360搜索、360随身WiFi等一系列产品。

2015年，中国互联网协会和网络安全公司"奇虎360"共同举办的中国互联网大会在北京召开。

2015年12月，奇虎360与投资者集团达成私有化协议，奇虎360的全现金私有化交易估值大约93亿美元（约合595亿元人民币），有61%投票权的股东将对交易进行投票，交易价格比6月16日收盘价高出16.6%。

2016年4月26日，据国家发改委投资项目在线审批监管平台披露，奇虎360私有化项目已经获得国家发改委通过，进入公示阶段。

3. 搜狗

搜狗是搜狐公司的旗下子公司，于2004年8月3日推出，目的是增强搜狐网的搜索技能，主要经营搜狐公司的搜索业务，同时也推出搜狗输入法、搜狗高速浏览器。

2010年8月9日，搜狐与阿里巴巴宣布将分拆搜狗成立独立公司，引入战略投资，注资后的搜狗有望成为仅次于百度的中文搜索工具。

2013年9月16日，腾讯向搜狗注资4.48亿美元，并将旗下的腾讯搜搜业务和其他相关资产并入搜狗，交易完成后腾讯随即获得搜狗完全摊薄后36.5%的股份，而且腾讯持股比例会在近期内增加至40%左右。

搜狗2014年第四季度营业收入为1.19亿美元，同比增长70%，净利润为1800万美元。2014年，搜狗营业收入达3.86亿美元，同比增长79%，净利润达3300万美元。

4. 神马

神马是一支创业团队，由全球用户量最大的移动浏览器UC优视与中国互联网行业领军企业阿里巴巴共同发起组建，并由来自微软、谷歌、百度、360等国内外IT公司的资深员工所组成，神马专注于移动搜索用户刚需满足和痛点解决，致力于创造有用、有趣的全新移动搜索体验。

1.1.3 国外搜索引擎的种类

国外搜索引擎经常用到的是谷歌、雅虎和必应,因为这3个是国外的主流搜索引擎,就像我们经常用到的百度、360 和搜狗,如图 1.2 所示。

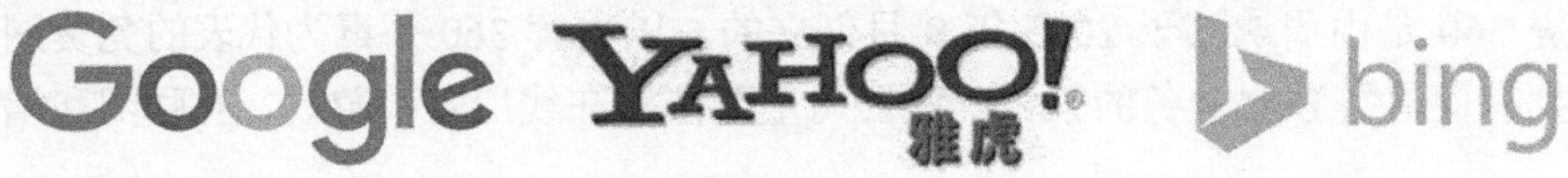

图 1.2 国外搜索引擎展示图

1. 谷歌

谷歌(Google),是美国的一家跨国科技企业,致力于互联网搜索、云计算、广告技术等领域,开发并提供大量基于互联网的产品与服务,其主要利润来自于 AdWords 等广告服务。谷歌由当时在斯坦福大学攻读理工博士的拉里·佩奇和谢尔盖·布卢姆共同创建,因此两人也被称为 Google Guys。

1998 年 9 月 4 日,谷歌以私营公司的形式创立,设计并管理一个互联网搜索引擎"Google 搜索"。谷歌网站则于 1999 年下半年启用。谷歌的使命是整合全球信息,使人人皆可访问并从中受益。谷歌是第一个被公认为全球最大的搜索引擎,在全球范围内拥有无数用户。谷歌于美国时间 2015 年 8 月 10 日宣布对企业架构进行调整,创办一家名为 Alphabet 的"伞形公司"(Umbrella Company),谷歌成为 Alphabet 旗下子公司。

2015 年 11 月 4 日,谷歌无人机业务主管沃斯透露,预计能在 2017 年推出无人机送货服务。根据业界权威机构最新发布的 2015 年度"世界品牌 500 强",得益于美国搜索和广告业务的增长,谷歌重返榜首,苹果和亚马逊分别位居第二和第三名。2016 年 6 月 8 日,《2016 年 BrandZ 全球最具价值品牌百强榜》公布,谷歌以 2291.98 亿美元的品牌价值重新超越苹果成为百强第一。2016 年 7 月,谷歌表情符平权方案通过:44 款表情将增设女性版。

2. 雅虎

雅虎(Yahoo!)是美国著名的互联网门户网站,也是 20 世纪末互联网奇迹的创造者之一。其服务包括搜索引擎、电邮、新闻等,业务遍及 24 个国家和地区,为全球超过 5 亿的独立用户提供多元化的网络服务。同时也是一家全球性的互联网通信、商贸及媒体公司。

雅虎是全球第一家提供互联网导航服务的网站,总部设在美国加州圣克拉克市,在欧洲、亚太区、拉丁美洲、加拿大及美国均设有办事处。

雅虎是最老的"分类目录"搜索数据库,也是最重要的搜索服务网站之一,在全部互联网搜索应用中所占份额达 36%左右。所收录的网站全部被人工编辑按照类目分类。其数据库中的注册网站无论是在形式上还是内容上,质量都非常高。2003 年 3 月,雅虎完成对 Inktomi 的收购，成为谷歌的主要竞争对手之一。

雅虎有英、中、日、韩、法、德、意、西班牙、丹麦等 12 种语言版本，各版本的内容互不相同，提供目录、网站及全文检索功能。目录分类比较合理，层次深，类目设置好，网站提要严格清楚，网站收录丰富，检索结果精确度较高。

2015 年，雅虎已成为"全球第三大移动广告公司"。

2016 年 7 月 25 日，美国电信巨头 Verizon（威瑞森）以 48 亿美元收购雅虎核心资产。

3．必应

微软必应（Bing）是微软公司于 2009 年 5 月 28 日推出，用以取代 Live Search 的全新搜索引擎服务。为符合中国用户使用习惯，Bing 中文品牌名为"必应"。作为全球领先的搜索引擎之一，截至 2013 年 5 月，必应已成为北美地区第二大搜索引擎，如加上为雅虎提供的搜索技术支持，必应已占据 29.3%的市场份额。2013 年 10 月，微软在中国启用全新明黄色必应搜索标志并去除 Beta 标识，这使必应成为继 Windows、Office 和 Xbox 后的微软品牌第 4 个重要产品线，也标志着必应已不仅仅是一个搜索引擎，更将深度融入微软几乎所有的服务与产品。在 Windows Phone 系统中，微软也深度整合了必应搜索，通过触摸搜索键引出，相比其他搜索引擎，界面也更加美观，整合信息也更加全面。

由图 1.3 市场份额统计所示，主要有百度、谷歌、搜狗这三大搜索引擎组成。百度占市场份额最多，为 85%。由中国市场占有率可以看出，中国搜索引擎市场发展成熟，市场格局趋势稳定，2015 年各搜索引擎运营商加大在创新领域的搜索落地应用，搜索引擎渐渐渗透到用户衣、食、住、行各个领域，大搜索生态的指引下，搜索的边界日益模糊，未来搜索将衍生出更加契合用户服务需求的商业模式，引领行业的变革发展。

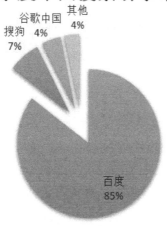

图 1.3　市场份额统计

1.2 SEM 的表现形式及发展历程

百度搜索引擎作为中国市场占有率最高的搜索引擎品牌,为了更好地满足企业市场推广需求,特别推出多种方式为不同的搜索内容进行 SEM 广告营销展现。

1.2.1 PC(电脑端)搜索推广表现形式

如图 1.4 所示,为响应国家互联网广告法要求,百度等搜索引擎会对付费推广的展现结果标注"商业推广"字样,像达内、优就业等都为付费推广。

图 1.4 百度付费广告

如图 1.5 所示,"百度快照"字样的广告为百度自然搜索结果展现,做 SEO 通过优化来提升排名。

第 1 章 搜索推广概述

图 1.5 百度免费广告

如图 1.6 所示，百度子频道展现搜索推广结果：网页、新闻、贴吧和知道等，这些子频道的推广是为了帮助广告主获取更多的流量。

图 1.6 百度子频道

1.2.2 移动推广的表现形式

如图 1.7 所示，百度搜索"网络推广"在移动端展现的结果，同样带"商业推广"字样的为付费广告展现结果。

图 1.7 移动端百度推广

1.2.3 品牌专区及品牌地标的表现形式

如图 1.8 所示为品牌推广，品牌推广主要是针对一些大客户大品牌来做的，相对搜索推广来说费用比较高，是按月付费。图 1.8 左侧和右侧全部都是品牌专区，而且带有视频和图片，采用图文结合的形式。一般像中公教育、华为、三星这些大企业才做品牌推广。

图 1.8　品牌专区

图 1.9 所示品牌华表搜索结果，品牌华表收费标准是按周算竞拍，特点是展现在首页页面的右侧，有图片更加吸引人，广告面积大。

图 1.9　中公教育品牌华表

当用户搜索通用词时将会触发商品地标的搜索结果。通用词指某一行业类别的词，比较短，一般由 2~3 个词组成，主要是名词类，如电脑、汽车、机票等。

案例：跨境电商

搜索结果如图 1.10 所示。

图 1.10 搜索"跨境电商"效果

用户在百度搜索框中输入的内容（如跨境电商），可以称之为搜索词。每一次搜索都被称为搜索请求，搜索词每天在百度上的搜索请求数被称为日均搜索量。日均搜索量的大小可以反映出网民兴趣的高低。百度搜索推广是网民进入互联网的重要入口，是互联网营销中相当重要的一部分。从行业数据来看，SEM 给企业带来巨大影响，包括知名度、订单量、销售额等；且 SEM 搜索引擎营销方面的人才需求量也是非常庞大的，所以 SEM 这个职业具有强大而优秀的可塑性。

1.2.4 SEM 的发展历程

搜索引擎营销的发展是紧随搜索引擎的发展而发展的。

1994 年，雅虎、Lycos 等分类目录型搜索引擎的相继诞生，搜索引擎表现出网络营销价值，搜索引擎营销的思想开始出现。

1995 年，自动提交到搜索引擎的软件诞生，搜索引擎营销"智能化"，此后不久，许多搜索引擎开始拒绝自动登录软件提交的信息。

1995—1996 年，基于网页 HTML 代码中 META 标签检索的搜索引擎技术诞生。利用 META 标签改善在搜索引擎中排名的技术很快成为搜索引擎营销的重要内容——这就是搜索引擎优化方法的萌芽。

1997 年，搜索引擎优化与排名自动检测软件问世，网络营销人员可以据此制定针对性的搜索引擎营销策略。

1998 年，"搜索引擎算法"开始关注网站外部链接，诞生了"网站链接广度"（linkpopularity）概念。

2000 年，出现按点击付费（Pay-per-click）的搜索引擎关键词广告模式，搜索引擎广告诞生。

2001 年，搜狐等部分中文分类目录开始收费登录，网站登录每年要交纳数百元到数千元不等，付费搜索引擎营销开始走向主流。

2002年后半年，在网络广告市场最低潮中，搜索引擎关键词广告市场增长强劲，占2002年网络广告市场的15%，搜索引擎带动整个网络经济复苏。

2003年，出现基于内容定位的搜索引擎广告。

2004年至今，搜索引擎全面引领互联网经济潮流，搜索引擎营销的价值被企业普遍接受，成为网络营销最重要的一种方法。

中国搜索引擎营销市场伴随着经济的发展和我国网络基础设施的不断完善，越发引起企业的重视。

2001年之前，免费搜索引擎营销阶段，以免费分类目录登录为主要方式。

2001年6月至2003年6月，因网络经济环境、搜索技术、收费等原因带来搜索引擎营销市场进入调整期。

2003年后期，各种形式的搜索引擎广告快速发展，同时基于自然检索结果的搜索引擎优化开始受到重视。

2004年，搜索引擎广告进入快速增长期，并且营销效果逐步为企业所认可，新的搜索引擎不断出现。

2005年，多家搜索引擎争夺中国网络营销服务市场（引用了新竞争力网络营销管理顾问对国内网络营销服务商网站推广业务的调查数据）；垃圾SEO泛滥，严重破坏搜索引擎营销市场秩序，引起主流搜索引擎大规模清理。

2006年，搜索引擎营销的发展势不可挡，并且随着多种专业搜索引擎和新型搜索引擎的发展，搜索引擎在网络营销中的作用更为突出，搜索引擎营销的模式也在不断发展演变，除了常规的搜索引擎优化和搜索引擎关键词广告、网页内容定位广告等基本方式之外，专业搜索引擎（如博客搜索引擎）、本地化搜索引擎推广、无线搜索引擎（如手机短信营销）等也将促进搜索引擎营销方法体系的进一步扩大和完善。

根据《2007—2008年中国搜索引擎行业发展报告》显示，2007年中国搜索引擎市场规模达29.0亿元人民币，相比2006年同比增长108.3%。2008年2月，adSage（中国）公司与百度合作，推出百度搜索引擎竞价排名广告系统管理工具adSage for Baidu，成为基于百度API的第一款搜索引擎营销工具，2009年年末，百度凤巢系统及网盟推广付费推广出台。我国搜索引擎用户规模急速增加。

截至2015年12月，我国搜索引擎用户规模达5.66亿，使用率为82.3%，如图1.11所示。

图1.11 中国互联网发展状况统计调查

1.3 SEM 的价值

　　SEM 搜索引擎营销是一种新的网络营销形式。SEM 搜索引擎营销所作的就是全面而有效地利用搜索引擎来进行网络营销和推广。SEM 搜索引擎营销追求最高的性价比,以最小的投入获取最大的来自搜索引擎的访问量,并产生商业价值。

1. 广告成本较低而且范围广

　　搜索引擎营销的功能就是让目标客户主动找到企业,费用按照客户的访问量收取(广告创意的点击量收费),相对来说比其他广告形式性价比高得多。搜索引擎营销由于成本低廉、效果显著、操作灵活且方便管理考评的优势,所以成为企业网络推广的主要渠道。在传统推广方式上小企业很难与大企业争展区、争位置,而搜索引擎营销使企业利用网站向客户全面展示公司的产品、特点,给予了中小企业公平竞争的机会。

案例:推广地域设置

　　百度推广使用独有的付费模式算法,人性化的付费操作带来的是更低的消费成本和更高的转化率,百度竞价,投入费用多少,可以自由把控。

　　可确定地域推广,增加产品针对用户需求数量,减少不必要的群体消费,如图 1.12 所示。

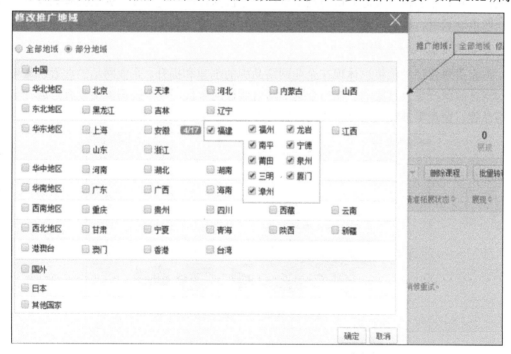

图 1.12　修改地域

　　企业自己确定推广时间,避开推广高峰期,减少产品竞争高峰期消费,如图 1.13 所示。

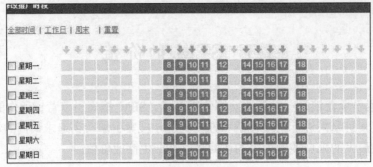

图 1.13 推广时间

百度竞价具有降低成本功能，帮助企业分析出价过高的和用户需求较低的关键词，减少不必要的消费。

2. 便于企业开展网上市场调研

搜索引擎是非常有价值的市场调研工具，通过搜索引擎输入有效的关键词，查看搜索结果、通过行业数据分析，就可以很方便地了解竞争的市场动向、产品信息、用户反馈、市场网络、经营状况等信息。

搜索引擎特有的内部关键词挖掘、用户相关需求竞争度分析等功能可直接展现行业用户的搜索需求和搜索竞争度，能预估用户需求关键词短时间内增长情况，提前分析用户需求变化，明确标示行业关键词市场点击价格，分析同行广告竞争度，如"关键词规划师"。互联网市场调查，用百度推广即可。

3. 提升企业网络品牌影响力

搜索引擎营销的价值也体现在企业网络品牌的创建和提升。企业网站的搜索引擎可见度对网络品牌产生直接影响。在当今这个网络盛行的年代，一个公司如果没有形成知名的网络品牌，会渐渐被庞大的互联网用户群体所遗忘，如图 1.14 所示。

图 1.14 搜索结果页

百度推广可使用品牌专区推广功能品牌专区：首屏黄金位置，最佳第一印象，树立品牌形象，增强信任感，缩短信息到达路径，提供便捷的销售通路，IMC整合营销收口，提升推广效果。避免因为类似品牌导致的用户搜索结果的不确定性而发生竞品价格的恶意提升。

4. 有利于企业产品的推广

据2015年中国网民搜索行为调查报告显示，截至2015年12月我国搜索引擎用户规模达到5.66亿，使用率为82.3%，网站大部分流量都来自于搜索引擎。搜索引擎不仅仅可以给公司的网站带来流量，最重要的是，这些流量都是顾客通过关键词的搜索得到的，都是针对性非常强的流量，这些搜索者一般来说都是企业的需求用户。搜索引擎像一座桥梁，同时连接着企业和用户，企业通过关键词定位有需求的用户，而用户在搜索引擎中通过搜索关键词查找企业的服务或商品信息，因此搜索引擎给企业所带来的流量非常精准。

搜索引擎营销模式及其商业价值更容易传递重点对象。搜索引擎更能贴近需求的信息传达给搜索者，同时在相对精准的时间、位置，用户搜索时还能发现更多选择。用户有更多的主动权，只看相关的信息内容，而商家也能实现把销售的信息只传递给相关需求的用户，实现精准营销的目的，便于企业的推广。

案例：

如图1.15所示为关键词推广。

图1.15 关键词推广

搜索推广是基于百度搜索引擎，在百度搜索结果的显著位置展示企业推广信息，并帮助企业把网民有效转化为客户的一种营销方式。

企业推广信息可以自己指定时间段、指定地域，根据网民搜索关键词，当网民点击信息打开企业网站后再扣取费用（只要点击广告创意就会扣费），让企业以最低、最合适的投入获得最优营销效果，性价比超值，如图1.16所示。

图1.16　结果页

搜索推广可设定用户上百万的搜索可能关键词，帮助企业抓取所有可能用户群体，百万人搜索，百万次展现，产品优势，一览无余，同行竞争，一直为先。

网盟推广是在超过70万家网站、APP应用（百度网盟伙伴）上通过文字、图片、Flash等多种形式向指定的目标受众精准展示企业推广信息，并按点击效果付费的一种展示广告形式，是百度搜索推广的延伸和补充，让推广的产品全网无处不在，点击即可查看。

百度移动网盟推广涵盖海量的移动媒体，合作的媒体涵盖70万+移动网盟网站及5万+合作移动应用。百度移动网盟推广基于移动特性用户属性分析与搜索行为匹配的技术手段，直达目标人群。百度搜索引擎会根据独有算法计算搜索群体的搜索喜好，将用户需求集中进行更满足用户的多媒体图片方式展现，效果比文字更好，费用比文字更低。

1.4　SEM的岗位与职责

搜索营销的最主要工作是扩大搜索引擎在营销业务中的比重，通过对网站进行搜索优化，更多地挖掘企业的潜在客户，帮助企业实现更高的转化率。随着互联网的发展，网络营销人才越发重视，SEM人员也是网络营销人才中比较受欢迎的一个职位，需求量比较大，并且就业薪资相对来说也比较高。据相关数据统计，目前我国对SEM人员的需求逐年上升，在一些招聘网站上SEM人员的就业薪资也比其他行业高，有相关工作经验的SEM人才月薪几万元也是很正常的事情。下面就来看看常见的 SEM 从业岗位和工作职责。

1. SEM 专员

SEM 是一种新的网络营销形式，SEM 专员就是全面而有效地利用搜索引擎来进行网络营销和推广的技术人员。

SEM 专员的岗位职责如下：
- 制定百度、搜狗、360 等搜索引擎营销的投放策略，对投放效果负责。
- 有根据公司产品、业务进行关键词投放规划、调整的能力。
- 负责对投放效果进行分析并根据分析结果持续优化投放策略，提高投资回报率。
- 负责搜索引擎营销工作的内部沟通，外部协调及实施投放。
- 对 SEM 相关数据（包括竞品）进行深入分析并定期形成报告，供公司其他部门决策参考。

2. SEM 竞价主管

SEM 竞价主管需要依据公司客户服务要求，做好客户的订单跟踪和客户订单相关服务准备工作安排、督促及进度跟踪，提高客户满意度。

SEM 竞价主管的岗位职责如下：
- 及时跟进大客户的效果。
- 及时反馈客户信息，帮助客户解决难题。
- 统计分析现有客户的需求及信息资料。
- 协调公司与客户之间的关系，提高客户满意度。
- 完成领导交办的其他任务。

3. SEM 策划顾问

SEM 策划顾问需要了解 SEM 基础优化，产品知识要扎实，有一定的策划能力，有强烈的创新及知识分享意识。相比 SEM 专员来说，SEM 策划顾问在工作中涉及的范围更广一些。

SEM 策划顾问的岗位职责：
- 通过 SEM 专业分析对投放的关键词广告进行优化，整理优化策略，实现最大投放转化率。
- 制定账户推广营销案，对市场、产品及竞品进行分析，制定线上营销策略及具体实施方案。
- 营销资源掌控与整合，对百度及其他互联网营销资源进行深度挖掘及整合运用。
- 了解及挖掘客户需求，分析总结百度各类新产品卖点及特色，协助一线提升消费。
- 负责百度相关产品或信息培训。

4. SEM 经理

SEM 经理属于公司中层管理人员，需要具备 SEM 独立的项目经验，了解 HTML、JavaScript 等前端技术，精通 SEO 工具；对目标关键词的稳定排名、网站的收录量、IP、PV 等流量数据负责；要具有良好的数据分析习惯和独立撰写数据报告的能力；具有团队合作意识领导和沟通协调能力，思想活跃。

SEM 经理的岗位职责如下：
- 客户管理。深入了解客户需求，研究客户的品牌以及行业竞争状况，并能与客户良好沟通，解答客户搜索相关问题，制定搜索引擎整合营销方案、大型汇报等报告，并进行提案。
- 专业知识。掌握搜索营销，如百度、搜狗、360 等主流搜索媒体的广告形式，熟练操作 SEM 后台。
- 了解 SEO、数据分析、精准广告等搜索综合知识。
- 具有较强的数据分析能力，逻辑清晰，表达能力，PPT 撰写能力。
- 培训团队。指导和培训新人，贯彻执行导师制。

5. 网络营销总监

网络营销总监需要组织与管理公司优化团队、指导、安排人员以及工作开展的能力。

网络营销总监的岗位职责如下：
- 制定网络营销部的营销策略，建立网络营销管理体系和推广模式，编制年度、季度网络营销方案与预算，落实并监控各项策略的实施，并及时向管理层汇报。
- 完善部门工作流程和汇报机制，建立部门管理制度，挑选和组织部门各个岗位人员，培养、巩固团队骨干，制定岗位职责，考评员工的工作绩效并据实提出奖惩意见。
- 根据公司的经营管理目标和任务统筹本部门的工作安排，制订工作计划，引导并带领团队人员完成各项计划任务，根据公司各阶段的目标提交分析报告给管理层做决策参考，并就重大网络营销事项向公司管理层提交决策性建议。
- 建立和完善网络营销机制，形成高效、稳定的网络营销模式。
- 负责官网的推广策划工作，有效达成网站平台的访问量等相关推广指标，并不断探索新的运营思路和推广方法。
- 负责网站 SEO 推广、SEM 推进，以及各种流量推广的策划、执行与跟踪，主要针对百度进行技术推广及外链建设。
- 负责官网商城和搜索引擎的关键词投放管理工作，包含关键词投放的标题描述及撰写、关键字密度、页面结构等 SEO 的常规优化与管理。
- 负责监测百度收录和关键词排名，研究竞争对手及其他网站相关做法，按阶段优化提升网站的 PR 和关键词排名。
- 负责网络广告投放及第三方网站进行流量、反链交换，专题活动合作，增加网站的流量、订单量和成交额。
- 负责网络活动营销策划和实施，针对节假日、社会事件活动策划可执行的有效网络营销活动。
- 策划执行软文、在线活动、病毒式营销等传播方案，善于发现炒作点并形成文案。
- 负责相关网站平台栏目规划，专题功能版块策划。

本章总结

本章主要讲解以下内容：
- SEM 的含义和种类。
- SEM 的表现形式发展历程及价值的体现。
- SEM 给企业带来的价值：更多的点击与关注，更多的商业机会，增加网站广度，提升品牌知名度，增加网站曝光度等。
- SEM 常见就业岗位为 SEM 专员、SEM 竞价主管、SEM 策划顾问、SEM 经理、SEM 网络营销总监等，每一个岗位都要具备专业的职业素养。

随着互联网的发展，SEM 搜索引擎营销技术是一种可持续发展的职业，不仅给用户的生活带来便捷，而且给国民带来更多就业机会和生活水平的提升。

本章作业

1. 什么是 SEM？其表现形式是什么？
2. SEM 的价值是什么？
3. 简单描述 SEM 可以从事哪些职业以及岗位职责。

搜索推广的基础原理

本章简介

在学习搜索引擎营销时,其原理对于我们之后的学习理解有非常大的帮助。本章主要讲解搜索推广基础原理,以及搜索推广的概论、展现规则及形式,最后介绍了账户推广基本流程操作技巧和实战搜索推广排名原理。希望对读者的学习有所帮助。

本章任务

了解并熟悉搜索推广的概论、展现规则及形式、搜索推广排名原理及账户推广基本流程。

本章目标

➢ 掌握百度搜索推广的展现规则及形式。
➢ 掌握百度账户推广整体流程。
➢ 掌握搜索推广排名原理和技巧。

预习作业

请阅读本章内容,完成以下简答题:
1. 百度搜索推广的排名原理。
2. 搜索推广展现规则。
3. 用户的搜索途径。
4. 关键词的推广点击价格算法。

2.1 百度搜索引擎简介

百度坚持相信技术的力量,始终把简单、可依赖的文化和人才成长机制当成最宝贵的财富。如图2.1所示为百度Logo——"熊掌"图标,该图标的想法来源于"猎人巡迹熊爪",与李彦宏博士的"分析搜索技术"非常相似,从而构成百度的搜索概念,也最终成为百度的图标形象。2016年百度中国网民的使用占有率为53.87%,是国内用户占有量最高的搜索引擎品牌。

图 2.1　百度 Logo

2.1.1 百度搜索引擎发展历程

1. 百度 2000 年

2000年1月,李彦宏从美国硅谷回国,在中关村创建百度。

2000年6月,百度正式推出全球最大、最快、最新的中文搜索引擎,并且宣布全面进入中国互联网技术领域。

2000年8月,百度开始为搜狐提供服务。

2000年9月,DFJ、IDG等国际著名风险投资公司为百度投入巨额资金。

2000年10月,百度开始为新浪提供服务。

2000年10月26日,百度网络技术有限公司宣布已完成第二期融资。

2000年11月16日,百度公司宣布正式向三大门户网站之一的新浪网中国区提供中文网页信息检索服务,支持其全面推出综合搜索引擎。

2. 百度 2001 年

2001年1月,百度为263提供全面搜索服务。

2001年2月,百度为TOM提供全面搜索服务。

2001年8月,发布百度搜索引擎Beta版,从后台服务转向独立提供搜索服务,并在中国首创了竞价排名商业模式。

2001年9月,百度搜索竞价排名浮出水面。

2001年10月22日,正式发布百度搜索引擎。

2001年10月,百度为上海热线提供全球中文网页检索系统。

2001年10月,中国人民银行金融信息管理中心,采用百度"网事通数据库检索"软件。

3. 百度 2002 年

2002 年 1 月，央视国际全套引入了百度"网事通"信息检索软件。

2002 年 3 月，百度总裁李彦宏获选"中国十大创业新锐"。

2002 年 6 月，百度正式推出 IE 搜索伴侣。

2002 年 11 月，发布 MP3 搜索。

2002 年 11 月，推出搜索大富翁游戏。

2002 年 11 月，为网易提供服务。

2002 年 12 月，中国移动签约百度企业竞争情报系统。

2002 年 12 月，康佳、联想、可口可乐等国际知名企业成为百度竞价排名客户。

4. 百度 2003 年

2003 年 1 月，百度总裁李彦宏荣获首届"中国十大 IT 风云人物"称号。

2003 年 6 月，由第三方赛迪集团下属中国电脑教育报举办的"万人公开评测"公布了评测结果。百度超越谷歌，成为中国网民首选的搜索引擎。

2003 年 6 月，百度推出中文搜索风云榜。

2003 年 7 月，百度推出新闻和图片两大技术化搜索引擎。

2003 年 9 月，TOM 宣布与百度合作，百度为其提供检索技术。

2003 年 11 月，百度推出新闻图片搜索。

2003 年 12 月，百度陆续推出地区搜索、"贴吧"等划时代功能，搜索引擎步入社区化时代；同时发布的还有高级搜索、时间搜索、新闻提醒 3 个功能。

5. 百度 2004 年

2004 年 3 月，中国搜索引擎调查揭晓，百度垄断中文搜索市场。

2004 年 5 月，据 alexa 最新显示百度已经成为全球第四大网站。

2004 年 6 月，百度成功融资。

2004 年 6 月，WAP 版百度贴吧面世，通过手机也能方便地去贴吧逛逛。

2004 年 8 月，百度收购 Hao123 网址之家。

2004 年 9 月，百度广告每日每字千金，创下中国网络广告天价。

2004 年 9 月，中国第一部搜索书籍《巧用百度》正式出版。

2004 年 11 月，推出世界上第一款 WAP/PDA 中文网页搜索引擎。

2004 年 12 月，iresearch 发布《2004 中国搜索引擎研究报告》，百度霸主地位凸显。

6. 百度 2005 年

2005 年 2 月，百度发布全球首款支持中英文的硬盘搜索工具。

2005 年 3 月 24 日，盛大互动娱乐有限公司与百度在线网络技术有限公司结成战略合作伙伴关系。

2005 年 5 月 17 日，百度与中国电信合作推出百度黄页搜索测试版，借此正式进军本地搜索业务领域，同时将黄页数据资源引入百度已有的 PDA 和 WAP 移动搜索等服务。

2005 年 5 月，百度荣登 2005 年最具成长力 21 家企业榜首。

2005 年 6 月 23 日，百度推出名为"百度知道"的网上问答服务，进军"知识搜索"

领域。

2005年8月5日，百度在NASDAQ成功上市。同时在alexa排名中超越新浪，成为第一中文网。

2005年11月8日，大型互动问答平台"百度知道"正式版上线。

2005年11月8日，百度百科正式版上线。

2005年12月，中国互联网品牌调查揭晓，百度荣享中文搜索第一品牌。

7. 百度2006年

2006年1月，百度开通国学频道。千年国学，百度一下。

2006年3月，百度首席财务官王湛生当选中国首个杰出CFO。

2006年3月，百度与世界领先移动通信制造商诺基亚携手，在诺基亚手机中植入中文移动搜索服务。

2006年4月，继"百度贴吧"与"百度知道"之后，百度推出第三个社区类搜索产品——"百度百科"，百度社区知识搜索三驾马车浮出水面。

2006年7月，百度推出颠覆性广告模式——精准广告。

2006年9月，CNNIC和CIC搜索引擎市场报告均显示：百度市场占有率遥遥领先。

2006年9月，百度中国搜索引擎入选中国十大创新软件产品。

2006年9月，百度竞价排名全面推出智能排名功能，以"综合排名指数"作为排名的标准。

2006年11月，百度推出新产品"搜藏"。

8. 百度2007年

2007年4月25日，百度盲道发布。百度盲道包括了7项主要的百度搜索服务，即盲道版的百度新闻搜索、百度网页搜索、百度MP3搜索、百度贴吧、百度知道、百度百科、Hao123网址导航。

2007年9月19日，正式宣布游戏频道上线。

2007年11月1日，百度统计系统测试版正式上线。

9. 百度2008年

2008年1月12日，百度娱乐正式上线。

2008年2月29日，百度IM软件"百度HI"开始内测。

2008年4月21日，百度百科正式版发布。

2008年9月10日，百度宣布，已经将其C2C支付平台定名为"百付宝"，百付宝将连同百度C2C平台一起发布。

2008年9月，百度入股联合网视获1亿元现金和8.3%股份。

2008年10月8日，百度网上交易平台正式定名为"有啊"。

2008年12月18日，百度上海研发中心挂牌成立，同时，百度宣布正在实施"阿拉丁平台计划"。

10. 百度 2009 年

2009 年 4 月 20 日，百度搜索推广专业版全面上线。

2009 年 8 月 10 日，百度成立贴吧事业部，企业市场部总监舒迅任总经理。

2009 年 9 月，百度搜索框大厦竣工。

2009 年 10 月，百度联手中科院，战略合作开发"框计算"。

2009 年 12 月 1 日，百度全面启用搜索营销专业版（即凤巢系统）。

11. 百度 2010 年

2010 年 1 月 18 日，百度首页改版新增"地图""百科"链接。

12. 百度 2011 年

2011 年 4 月 28 日，百度旅游正式上线。

2011 年 6 月，百度音乐正式上线。

13. 百度 2012 年

2012 年 3 月 23 日，百度举办开发者大会，正式发布百度云战略。

2012 年 5 月，百度获评全球最具价值百强品牌居亚洲科技首位。

2012 年 12 月 2 日，百度音乐十周年，百度 MP3 正式更名为百度音乐。

2012 年 12 月 25 日，百度语音助手安卓版本正式发布。

14. 百度 2013 年

2013 年 5 月 7 日，百度收购 PPS 视频业务，并将 PPS 视频业务与爱奇艺进行合并，PPS 将作为爱奇艺的子品牌运营。

15. 百度 2014 年

2014 年 4 月 3 日，百度宣布已经获得基金销售支付牌照，将正式为基金公司和投资者提供基金第三方支付结算服务。

2014 年 8 月，百度诉 360 违反 Robots 协议案于 2013 年由百度向法院提起诉讼。

2014 年 12 月 15 日，《世界品牌 500 强》排行榜在美国纽约揭晓，百度公司首次上榜。

16. 百度 2015 年

2015 年 2 月 2 日，百度公司宣布将百度现有业务群组和事业部整合为三大事业群组。

2015 年 12 月，百度宣布正式成立自动驾驶事业部。

17. 百度 2016 年

2016 年 4 月，百度私募股权众筹平台百度百众上线。

2.1.2 百度搜索引擎发展趋势

1. 社会化搜索

随着 Facebook 的流行，社交网络平台和应用占据了互联网的主流，社交网络平台强调用户之间的联系和交互，这对传统的搜索技术提出了新的挑战。

传统搜索技术强调搜索结果和用户需求的相关性，社会化搜索除了相关性外，还额外增加了一个维度，即搜索结果的可信赖性。对于某个搜索结果，传统的结果可能成千上万，但如果处于用户社交网络内，其他用户发布的信息、点评或验证过的信息则更容易信赖，这是与用户的心理密切相关的。社会化搜索为用户提供了更准确、更值得信任的搜索结果，如图 2.2 所示。

图 2.2　社会化搜索呈现图

国外的 dogpile 搜索引擎能够得到发展和壮大，主要得益于国外传统搜索过多，并且企业实现共赢的理念，但在中国，更多的人思考的是如何把所有资源都掌握在自己手中，百度、谷歌、雅虎是不会看着自己在未来发展中落伍而成为跟潮人，因此这几家都在不断地丰富自己的产品线，并且触及社会化搜索，来保证自己在这个行业中的地位。

2. 实时搜索

随着微博的个人媒体平台兴起，对搜索引擎的实时性要求日益增高，这也是搜索引擎未来的一个发展方向。

百度也推出过实时搜索，方法是：在浏览器中输入 http://www.baidu.com/s?rtt=2&tn=baiduwb&wd=【关键字】。

实时搜索最突出的特点是时效性强，越来越多的突发事件首次发布在微博上，实时搜索核心强调的就是"快"，用户发布的信息第一时间能被搜索引擎搜索到，如图 2.3 所示。

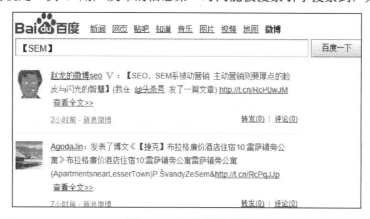

图 2.3　实时搜索呈现图

3. 移动搜索

随着智能手机的快速发展，基于手机的移动设备搜索日益流行，但移动设备有很大的局限性，如屏幕太小、可显示的区域不多、计算资源能力有限、打开网页速度很慢、手机输入烦琐等问题都需要解决，如图 2.4 所示。

图 2.4　移动搜索结果

目前，随着智能手机的快速普及，移动搜索一定会更加快速地发展，所以移动搜索的市场占有率会逐步上升，而对于没有移动版的网站来说，百度也提供了"百度移动开放平台"来弥补这个缺失。

4. 个性化搜索

个性化搜索主要面临两个问题：如何建立用户的个人兴趣模型？在搜索引擎里如何使用这种个人兴趣模型？

个性化搜索的核心是根据用户的网络行为，建立一套准确的个人兴趣模型。而建立这样一套模型，就要全民收集与用户相关的信息，包括用户搜索历史、点击记录、浏览过的网页、用户 E-mail 信息、收藏夹信息、用户发布过的信息、博客、微博等内容。比较常见的是从这些信息中提取出关键词及其权重。

为不同用户提供个性化的搜索结果，是搜索引擎总的发展趋势。但现有技术有很多问题，如个人隐私的泄露；而且用户的兴趣会不断变化，太依赖历史信息，可能无法反映用户的兴趣变化。

5. 地理位置感知搜索

目前很多手机已经有 GPS 的应用了，这是基于地理位置感知的搜索，而且可以通过陀螺仪等设备感知用户的朝向，基于这种信息，可以为用户提供准确的地理位置服务以及相关搜索服务。目前此类应用已经大行其道，如手机地图 APP。

如何将中文的用户查询翻译为英文查询，目前主流的方法有 3 种，即机器翻译、双语词典查询和双语语料挖掘方法。对于一个全球性的搜索引擎来说，具备跨语言搜索功能是必然的发展趋势，而其基本的技术路线一般会采用查询翻译加上网页的机器翻译这两种技术手段，如图 2.5 所示。

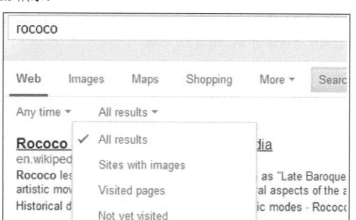

图 2.5　跨语言搜索

6. 多媒体搜索

目前，搜索引擎的查询还是基于文字的，即使是图片和视频搜索也是基于文本方式。那么未来的多媒体搜索技术则会弥补查询这一缺失。多媒体形式除了文字，还包括图片、音频和视频。

多媒体搜索比纯文本搜索要复杂得多，一般多媒体搜索包含 4 个主要步骤：多媒体特征提取、多媒体数据流分割、多媒体数据分类和多媒体数据搜索引擎。

例如图片搜索，一般的步骤为：第一步，缩小尺寸；第二步，简化色彩；第三步，计算平均值；第四步，比较像素的灰度；第五步，计算哈希值。

7. 情境搜索

情境搜索是融合了多项技术的产品，上面介绍的社会化搜索、个性化搜索、地点感知搜索等都是支持情境搜索的。

所谓情境搜索，就是能够感知人与人所处的环境，针对"此时此地此人"来建立模型，试图理解用户查询的目的，根本目标还是要理解人的信息需求。例如，某个用户在苹果专卖店附近发出"苹果"这个搜索请求，基于地点感知及用户的个性化模型，搜索引擎就有可能认为这个查询是针对苹果公司的产品，而非对水果的需求。

2.2 搜索推广概论

2.2.1 搜索引擎竞价推广的原理

企业网站以搜索引擎为平台,在用户检索信息时尽可能把企业品牌产品信息展现给目标用户,同时支付费用于搜索引擎,如图 2.6 所示。

图 2.6 搜索引擎竞价推广原理

1. 关键词搜索引擎竞价推广定义

搜索引擎竞价推广是指企业主根据自身产品需求确定关键词,撰写广告内容并自主定价投放的广告。在行业内,也被称为付费搜索广告、搜索引擎广告、搜索引擎推广、PPC 广告或 CPC 广告。

2. 关键词搜索推广特点

以搜索引擎为平台、以关键词为产品使用者、以企业为消费者按关键词点击次数收取费用。

3. 关键词搜索推广优势

- 用户定位更加准确。
- 按点击付费,推广费用低。
- 预算灵活控制。
- 广告形式简单,降低制作成本。
- 广告投放效率高。
- 广告位可以自行选择。
- 广告信息可以随时调整更换。
- 可以随时查看广告效果统计报告。

2.2.2 主界面展示和搜索推广竞价优势

如图 2.7 所示为百度登录界面,依次为扫码登录,用户手机端 APP 扫码可以登录百度后台;账号登录,需输入百度用户名、密码和验证码即可登录。百度后台登录网址为 http://www2.com,如图 2.8 所示为百度后台首页。

图 2.7 百度登录界面

图 2.8 百度后台首页

百度主要有两个系统：一个为"搜索推广"，负责关键词投放，主要是管理关键词；一个为"网盟推广"，创意以图片创意为主。

关键词推广竞价优势如下：
- 按点击付费，推广费用较低。
- 预算灵活控制。
- 广告形式简单，降低制作成本。
- 广告位可以自行选择。
- 广告信息可以随时调整更换。
- 可以随时查看广告效果统计报告。

2.2.3 搜索推广基本模式

搜索推广的基本模式是利用网民使用搜索引擎的习惯，将企业营销信息被动地传递给网民，帮助网民满足需求，同时帮助企业实现营销目标。目前，搜索推广主要有两种模式：自然推广模式（SEO）和营销推广模式（SEM）。本书主要介绍营销推广模式，也就是常说的搜索推广。

什么是"被动传递"？从前面的介绍可知，搜索推广骨子里流淌的是搜索的 DNA，这决定了搜索推广与众不同的特性——被动营销，即消费者产生某种需求时，通过搜索引擎主动寻求相关的某类信息。企业的营销信息都是被动传递给受众的，这一点和传统广告、互联网广告模式正好相反。

如一天之内，有 20 万人次在百度搜索关键词"手机"，那么购买"手机"关键词的企业主就有机会在 20 万次对"手机"的搜索查询中展示自己的推广；若此时某手机销售网站的搜索推广结果在搜索结果页上排名第 5，那么它一天大约可以获得 1 万次点击；若其中最终有 0.3%的人在网站购买了手机（1 部手机 500 元），那么就可以实现 15000 元的销售额，即平均每一次点击费用为 1.5 元；再综合推广的平均点击价格，就可以分析得出此次投放所带来的经济效益。

2.2.4 用户搜索途径

如图 2.9 所示，不难发现用户使用搜索引擎时的访问路径：（1）网名产生需求；（2）用户搜索需求相关的信息或产品名称（搜索词），搜索引擎根据搜索词提供结果；（3）用户点击吸引其的搜索结果链接；（4）访问某企业的网站；（5）咨询了解产品或服务；（6）网民和企业达成购买或体验。

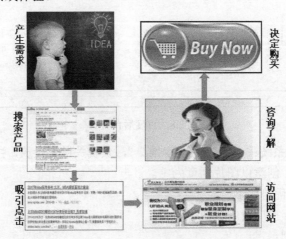

图 2.9 用户搜索路径

在这条不断重复的路径背后，仿佛可以看到这样 3 个人物，以及他们每个人的期望。

> 网民：期望能尽快满足自己的需求，或者找到某个问题的答案。
> 企业：期望让更多的人知道自己，购买自己的产品或服务，赢得利润。

> 百度：帮助网民方便快捷地找到所求，帮助企业提供推广服务，获得收益。

在"搜索推广"这台戏中，百度既是搭台的，也是唱戏的。要想把这台戏唱起来，就得从下面两个方面入手。

（1）做好搜索产品，用良好的用户体验吸引更多网民使用。

百度要做好搜索产品的用户体验，把用户服务好。用户搜索体验好了，才会"万事不决，百度一下就知道"。众所周知，百度并不生产具体的产品或服务，而用户的需求很多时候是需要具体产品或服务才能得以满足的。如有人电脑坏了，需要尽快买一台电脑，但不知道该买什么牌子的，这时候他就来问百度了。百度并不需要卖给他一台电脑，而只需要帮他快捷、高效地找到他希望找到的信息即可。

即使全球的用户都使用百度，并获取到有价值的帮助，百度也不能从中获得收益，因为百度对用户是免费的。

（2）搭好搜索推广平台，帮助企业成长的同时成就自己。

百度上聚集着大量用户，虽然不能为百度带来收益，但是却能给企业带来销售线索。这些用户在企业的眼里就是财富，所以企业迫切希望通过百度寻找到自己企业的用户。世界上的商业模式无外乎两种：要么向用户收费；要么向企业收费。百度使用的是后者，通过搭建搜索推广的商业平台，帮助企业成长，获得收益后再将部分利润投入到用户产品研发中去，更好地为用户服务。

在搜索推广的这个商业游戏中，要想让游戏长久进行下去，需要不停地在用户和企业主之间做好平衡，既要不断提高用户的搜索体验，又要保证绝大多数企业都能在百度的平台上成长起来。

2.3 搜索推广展现规则及形式

2.3.1 百度推广的展现形式及规则

百度搜索引擎的搜索结果展现分为免费链接展现和付费链接展现两种。当我们在搜索框中输入关键词时，搜索结果页显示"百度快照"字样的，称为免费搜索结果，如图2.10所示。

图2.10 "百度快照"展示

搜索结果页面显示“商业推广”字样的，称为付费推广，也就是百度竞价推广，如图 2.11 所示。

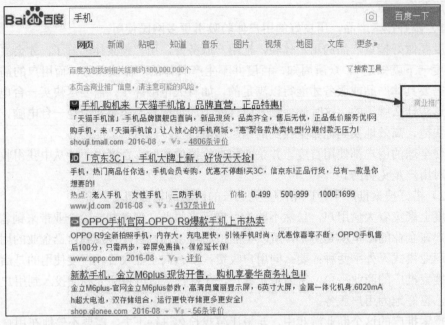

图 2.11 “商业推广”展示

竞价推广展现的规则，按照关键词的竞争度、相关性、质量度、关键词出价影响搜索排名的位置。你的关键词和用户搜索词的相关性越强，排名越靠前；竞争力越强的关键词和质量度越高的关键词容易展现在首页左侧。

2.3.2 搜索推广展现形式

魏则西事件以后，百度于 2016 年 5 月 17 日将“推广”改成“商业推广”，调整了竞价排名规则：百度搜索推广右侧的广告位由原来的 3～10 个变成如今的 4 个，左侧广告位则全部取消，如图 2.12 所示。

主题：【产品】【重要】关于百度商业推广信息展现数量调整的通知	
通知下发单位：百度业务运营部	通知编号：BAIDU-BOD-[2016]052401
通知接受单位：代理商	通知抄送单位：各区域经理、大区经理
产品归属：搜索推广	
重要程度：★★★	
特别说明：	
通知总述：	关于 百度商业推广信息展现数量调整的通知
执行时间：	即时
具体内容：	为保障网民的搜索体验和利益，同时全面落实国家网信办整改要求，百度搜索将严格限制商业推广数量，自5月23日起，雀巢推广产品每个页面的商业推广信息条数所占比例均不超过30%，据此调整后，每页面搜索结果（含顶部、底部、右侧）将最多有4条推广信息。 此前，百度公司董事长兼首席执行官李彦宏在内部信中强调：“重新审视公司所有产品的商业模式，是否因变现而影响用户体验，对于不尊重用户体验的行为要彻底整改”。百度将持续响应，落实网信办各项整改措施和要求，以用户体验和利益为第一考量，欢迎大家关注、监督。

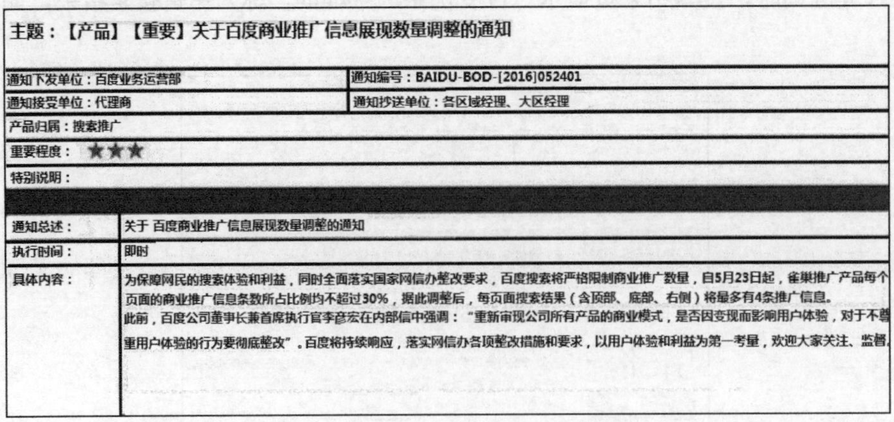

图 2.12 修改“商业推广”通知

搜索结果页面上的推广展示形式是多种多样的，如品牌专区。品牌专区是百度的特色产品，根据大量品牌企业的反馈，品牌专区在百度推广产品中效果最好，如图 2.13 所示。品牌专区与传统搜索推广在付费方式上有所不同：品牌专区按月付费，而传统搜索推广按点击付费，后面会在单独的章节详细介绍。

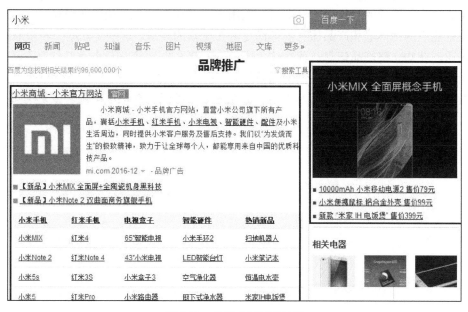

图 2.13　品牌专区展示结果

- "商业推广"字样展现在首页左侧、自然搜索结果之上。
- 如果搜索的是相关品牌词，那么品牌词展现位置会于页面最高排名位置展现。
- 在用户搜索后右侧一般会出现 12 个相关的搜索结果和品牌，作为满足和延伸用户需求的部分存在。

百度竞价的推广和展现方式是搜索引擎推广人员入门的第一课，对于后面各种技术知识点都有延伸的作用，所以一定要认真掌握。

2.4　百度账户推广流程简介

明确百度搜索推广模式与用户搜索行为特征之后，就需要对执行推广的具体流程进一步了解。

通常来说，从企业申请开通推广账户到目标受众完成最终转化，期间会经历 8 个主要步骤，如图 2.14 所示为企业主通过百度搜索推广成功获得订单的全过程。

（1）业主完成网站建立后，首先需要向百度提交开户申请，虽然大多数的搜索引擎所提出的开户要求基本类似，但是在细节资料的准备上也有一些不同点。

（2）通过审核后，就可以对账户进行一系列准备工作，诸如架构设置、购买与产品/服务有关的关键词、关键词设定出价、编辑推广信息等前期准备工作。

（3）账户建立完善后，就可以发布推广信息，使推广正式上线。

（4）当用户的检索与企业主购买的关键词相匹配时，搜索结果页中会触发相关的推广信息。

（5）在推广排名及推广创意的影响下，用户会选择最吸引的推广结果进行点击，从而被企业主带入置顶的目标页面，此时这些用户就成功转化为企业潜在受众了。

若企业主网站体验和产品服务能够满足潜在受众的需求，这些受众就会希望通过进一步的沟通，获知完整产品信息；而企业主网站中的联系电话或在线沟通工具等联系方式，就是受众与企业主之间不可缺少的沟通桥梁。

最后，通过推广商户的说明及引导，潜在受众很可能会直接产生注册或是购买行为。

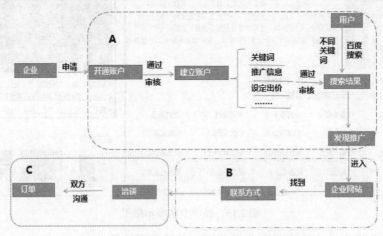

图2.14　企业主通过百度推广获得订单流程图

以上过程可以简单概括为3大可控的环节，如图2.14中的A、B、C这3种不同虚线框内容：吸引关注、获取咨询、形成转化。

1. 吸引关注——设计推广信息

对于推广商户即企业主来说，推广结果能够在百度搜索引擎中出现并不是他的最终目的。搜索结果排名是一种稀缺资源，当潜在用户通过某个关键词进行检索时，结果页中会反馈大量信息，如果企业主的推广信息位置靠后，被潜在用户发现的机会就会大大降低，推广效果就更无法保证。因此，企业还需要让这些推广信息在有限的搜索结果位置中获得靠前的排名，以便展现其推广信息。

同时也需要注意，用户在进行搜索时，并非每条推广信息都会引起他的兴趣，他会从中判断、筛选出与其想获取的内容相关性强的推广结果进行点击，然后进入网页获取更详细的信息。因此，靠前的排名只是为商户增加更多被发现的机会，要想引起潜在受众的兴趣从而发生点击行为，还需要企业主时刻把握潜在受众的搜索特征和需求，用准确的关键词和独特的创意使推广脱颖而出。

2. 获取咨询——优化网站结构或内容

作为企业推广的利器，百度搜索推广为企业网站带来了精准的访问量，这是搜索营销的第一次转化，即企业的推广信息已经成功带来了很多关注。搜索营销还需要完成第二次转化：将访问量转化为潜在受众的进一步行动——咨询。每一次搜索点击都代表着一位有意向的潜在受众，他们希望通过到达的网站获取感兴趣的产品或服务的信息，并在比较、评估后做出下一步行动的决策。因此，在设置推广信息的同时，企业主也需要在其网站建设上下一番功夫。一个独具吸引力、清晰简洁地呈现产品或服务优势、并有明显联系方式的网站，会让潜在受众产生进一步咨询以获得更多信息的动机。这时，企业主也成功地将访问量变为了咨询量，获得了宝贵的销售线索。对于以打品牌为主的企业，更需要关注该环节。

3. 形成转化——跟进达成目标

通过前面两步转化，企业主已经获得了很多潜在受众的访问，并利用其网站说服他们进一步了解产品和服务。这时，企业主离营销目标的实现仅差最后一步：及时把握销售线索，与潜在用户建立密切的关系，促成他们的注册或购买行为，完成最终营销目标的转化。这一环节对于在线注册或直接销售产品的企业主来说尤其重要。此时，企业主需要做的就是：充分调动线下资源，提升网站体验，把握潜在受众的每一次咨询（如保证及时接听咨询电话、提高销售说服技巧、注意回复礼仪等），增强他们对产品或服务的信心，促成他们的购买行为并带来收益。

如图 2.15 所示可以方便企业主更清楚地理解搜索营销的 3 大部分。

图 2.15　搜索营销流程图

2.5　搜索推广排名原理

2.5.1　搜索推广价格排名原理

对于百度搜索推广来说，综合排名指数（CRI）即出价与质量度的乘积，是排名真正的衡量标准。通过计算公式可知，如果关键词具有较高的质量度就能够以较低的成本获得更好的排名，如图 2.16 所示。

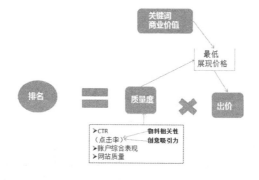

图 2.16　搜索推广价格排名原理

继续对影响位置的两大指标进行细分，可以分解出对排名更直接的影响因素，如图2.17所示。

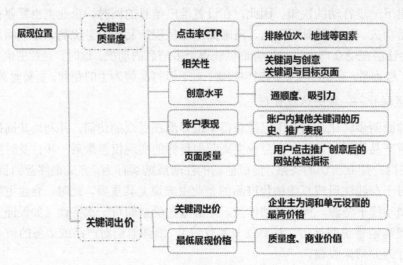

图 2.17 排名影响因素分析图

每个影响因素都有不同的核心关注点。当推广中遇到相关问题时，需要我们能够以不断细分的逻辑思路对问题进行诊断，最终提出具有针对性的优化策略，达到最终优化目标。

2.5.2 关于质量度

质量度是衡量关键词质量的综合性指标，是系统根据该关键词的点击率、创意撰写质量、账户表现等多个因素计算出来的。在竞价账户中，质量度使用星级和 10 分制的方式表现，不同的搜索引擎对质量度的判定方式也不同，百度搜索引擎推广竞价的质量度判定方式为半星为一个阶层，五星为最高，零星最低。在账户中质量度以星级的形式进行直观展示，不同星级代表不同的质量度，具体如图 2.18 所示。

关键词		状态	推广单元	移动质量度	计算机质量度	四配模式	推广计划	出价
"酒店管理专业招生简章"		搜无效	简介	★★☆ 8	★★ 6	短语-同义包含	酒店管理	0.63
"酒店管理专业员课程"		移动搜索无效	简介	★★★ 8	★★☆ 5	短语-同义包含	酒店管理	0.63
"酒店管理专业自我介绍"		移动搜索无效	简介	★★★ 7	★★☆ 5	短语-同义包含	酒店管理	0.63
"学习酒店管理专业的介绍"		移动搜索无效	简介	★★★ 9	★★☆ 5	短语-同义包含	酒店管理	0.63

图 2.18 质量度

1. 质量度引入背景

部分百度推广商户单纯用高出价获得了第一位排名，但导致产品与搜索词毫不相关，长此以往，搜索者会对推广信息的相关性做出负面判断从而忽视这片区域，这是违背推广商户和搜索引擎规则的。于是，搜索引擎引入了这个概念，其数值反映了推广信息被搜索者的接受程度，搜索者越感兴趣，越多人点击，访问者体验越好，质量度越高。依据历史数据计算，主要反映其关键词标题、描述及网民对该关键词的认可程度，还包括网站的打开速度，关键词指向网页的相关程度，还有整个网站的情况。其每 24 小时刷新一次。对百度搜索推广来说，综合排名指数（CRI），即出价与质量度的乘积，才是排名真正的衡量标准。意味着很好的质量度就有可能在出价较低的情况下排名靠前。

2. 影响质量度的因素

（1）撰写的通顺度

➢ 创意内容与关键词的匹配度，指关键词套入创意是否通顺。

➢ 相关性：包括关键词与创意的相关程度、关键词/创意与网页内容的相关程度。

尽管百度的分词技术很强大，但由于语言的复杂性，百度并不能完美地判断关键词与创意的相关性，一般只要你的创意标题和描述都通顺，创意合理，并且关键词单元划分合理，把结构相同、意义相近的词划分在一起，关键词和创意的相关性就不会有太大的问题。

关键词/创意和网页内容的相关程度主要基于百度对网页内容的标题、描述及网页关键词密度的判断，其中网页标题是最重要的一项，其次是关键词密度。机器不是人，也只能判断到这种地步了。

（2）创意撰写水平

创意围绕关键词撰写得越通顺越有"创意"，就越能吸引潜在客户的关注。百度可以判断你的创意是否通顺，但却无法判断你的创意是否有"创意"，是否有创意还是需要通过点击率去判断，这点是虚的，而通顺度则是实的，如图 2.19 所示。

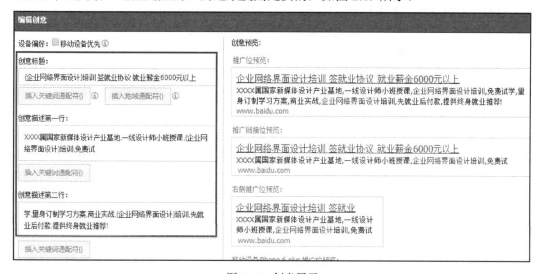

图 2.19　创意展示

"通顺度"是百度引进的一个专门判断创意撰写水平的一个概念，简单来讲就是"主题明确，语义通顺"。需要说明的是，机器毕竟是机器，再精密的算法也会有偏差，我们不怕百度把不通顺的识别为不通顺，也不怕百度把通顺的识别为通顺；怕的是百度技术不过关，把通顺的识别为不通顺。毕竟语义识别和分词是一门复杂的技术。在这里，我们只能寄希望于百度的判断越来越精准、越来越智能了。除此之外，我们必须了解百度的通顺度计算方式及判断标准，而不是自以为是。通顺度计算公式为：账户通顺度=账户内通顺关键词数/账户内总生效关键词数。

（3）创意通顺度判断标准

将关键词代入到本单元所有通配符的创意（创意1、创意2……）内，如果出现创意1不通顺，则此关键词不通顺；如果创意N无通配符，则判断原创意字面是否通顺，如果原本不通顺，则此关键词不通顺（这种情况下，该单元所有关键词为不通顺）。

以上情况都通顺，则此关键词通顺。通过上文可以得出以下结论：通配符很重要，否则你认为再通顺也没用；创意通顺度遵循木桶法则，必须保证每个都符合通顺度标准才可以；账户结构合理是基础：结构相同、意义相近很重要；创意撰写具有一定的号召性吸引网民点击。

（4）质量度创意与网站相关性

网站着陆页面与关键词相关度指百度推广的 URL 链接页面内容与关键词的相关度。网站打开速度，空间服务器的稳定性，间接影响推广的跳出率，进而影响关键词的历史表现。网站用户体验，包括网站的 UE 设计等方面，其影响的包括网站的浏览量，浏览深度，停留时间等因素。

案例：

如果用户通过百度关键词搜索"北京买电脑"点击网站的竞价推广链接进入网站，进入看到页面内容为电脑知识的内容，那么我们可以评定为这个页面和竞价页面的相关性较低，会影响竞价创意的质量度星级评定。

以下为质量度推广账户的历史表现。

（1）账户结构合理

要求账户的整体架构清晰，同时单元中的每个关键词语意一致、词性一致，同时有使用通配符的匹配，替换到通配符中时，保持创意的语意不变，语句通顺。

（2）账户历史表现

账户表现包括账户的生效时间、账户内关键词的点击率等，其中点击率是影响质量度的最重要因素，点击率=点击量/展现量，衡量的是网民对推广创意的认可度及账户内其他关键词的历史推广表现。账户综合表现属于接近不可控的因素了，过去的一切已不可改变，我们只能面向未来。必须通过点滴的积累和持续的优化掌控现在，决胜未来！据观察百度弱化了账户综合表现对关键词质量度的影响，尤其是目标 URL 历史。

（3）点击率

较高的点击率表示潜在客户对账户信息更关注和认可。点击率为什么放在第一位呢？因为点击率是直接影响关键词质量度的重要因素，而相关性和创意撰写水平是通过影响点击率来影响关键词质量度。

（4）关键词

质量度与整个账户总质量度也相关，主要为历史数据累积及账户稳定程度。

- 稳定账户好于不稳定账户。
- 老账户要优于新账户。
- 老的稳定的单元好于新的不稳定的单元。
- 老的稳定的计划级要好于新的不稳定的计划（出身）。

（5）质量度推广商户的信用积累

这个账户是否有长期稳定的消费以及质量度的历史积累。投放时间越长，推广经验越多，可信程度越高。

- 着陆页面要稳定。
- 要有较高的点击率。
- 要有稳定的账户结构。
- 要有在线时长的积累。

（6）质量度常识概念

- 求质量度公式：综合排名指数/出价 = 质量度（四舍五入）。
- 每次点击价格（CPC）=（下一名出价×下一名质量度）/关键词质量度+0.01 小于等于出价。
- 关键词排位公式：对方综合排名指数/质量度 = 自身出价+ 0.05。

（7）临时质量度的概念

- 账户平均质量分。
- 行业平均质量分。

跑完 CTR 计算质量分（CTR 是一方面，关键词出身一定要好，关键词出身很重要）。

（8）质量分的辐射和传递机制

关键词不好的调到质量高的计划/单元中去（此项需谨慎，最好转移到新建单元中，并针对性优化）。

在同一单元搜索量低的词要看搜索量高的词的脸色（根据关键词重要程度调整匹配方式、提高出价，以提高展示为前提）。

（9）平均质量分的概念

- 单元级平均质量分。
- 计划级平均质量分。
- 账户级平均质量分。

（10）质量度关键词点击率

除了单元级平均质量分、计划级平均质量分和账户级平均质量分 3 个因素以外，关键词的点击率对关键词的质量度的影响也是十分重要的。关键词的点击率是指关键词在排名结果（体现在展现量上）的点击概率。点击率越高，关键词质量度也就越高。

（11）质量度影响

质量度会对搜索推广结果产生重要影响，主要体现在以下 3 个方面。

- 影响关键词的排名。排名是由质量度和出价共同决定的。一般情况下，出价相同时质量度高的关键词的排名靠前。

➢ 影响点击价格。在排名一定的情况下，作为对高质量关键词的奖励，质量度越高，企业需要为搜索推广结果支付的单次点击价格就越低。

➢ 影响最低展现价格。同样作为对高质量关键词的奖励，质量度越高，该关键词获得展现所需的最低展现价格就越低。

因此，建议持续关注和优化质量度。通过提升质量度，可以在同等情况下获得更佳的展现位置、更优的排名、支付更低的推广费用，从而降低成本，提高投资回报率。

2.5.3 关于出价

1. 关键词出价定义

出价即企业愿意为一次点击所支付的最高费用，由企业自行设置。百度的计费机制将保证实际点击价格不会超出企业的出价。

出价是影响企业关键词排名的重要因素，在其他因素都相同的情况下，价格越高，获得较高排名的机会越大。建议根据关键词能为企业带来的商业价值的大小合理设定出价，并在预算可接受的范围内尽量设置较高的出价以保证排名靠前，获得更好的推广效果。

出价包括推广单元出价和关键词出价。将意义相近、结构相同的关键词划分到同一推广单元，这就意味着这些关键词的商业价值大致相同，企业可以方便地为该推广单元设定统一的出价。如果企业希望为某些关键词设定出价，可以在关键词/创意列表页面设定关键词出价。

2. 最低展现价格

理论上出价是按照企业的意愿来的，从 0～999.99 元，企业愿意出多少就出多少，但出价不是企业做搜索推广的目的。企业做搜索推广的目的是期望将企业的营销信息传递给受众。企业要实现这个目的，就得先让网民能够看到自己的搜索推广结果。

百度的搜索推广平台为每个关键词给出一个“最低展现价格”，如图 2.20 所示，也就是起价。所谓最低展现价格是指企业的搜索推广结果展现在搜索结果页中的最低出价，这个价格由系统给出。企业给某个关键词出价时，所出的价格只有大于等于系统给出的最低展现价格，企业的推广创意才会出现在搜索结果中。

关键词	状态	推广单元	推广计划	出价	消费	展现	点击	平均点击价格	计算机质量度	移动质量度
"{.** 教育UI培训学校}"	有效	.**教育UI培训	品牌词	12.50	0.00	0	0	0.00	5	
"{** 教育UI设计周末培训}"	有效	.**教育UI培训	品牌词	15.30	0.00	0	0	0.00	8	
".**教育UI培训机构"	有效	.** 教育UI培训	品牌词	12.60	0.00	0	0	0.00	5	
"{.**教育手机UI设计培训}"	有效	.**教育UI培训	品牌词	6.30	0.00	0	0	0.00	7	

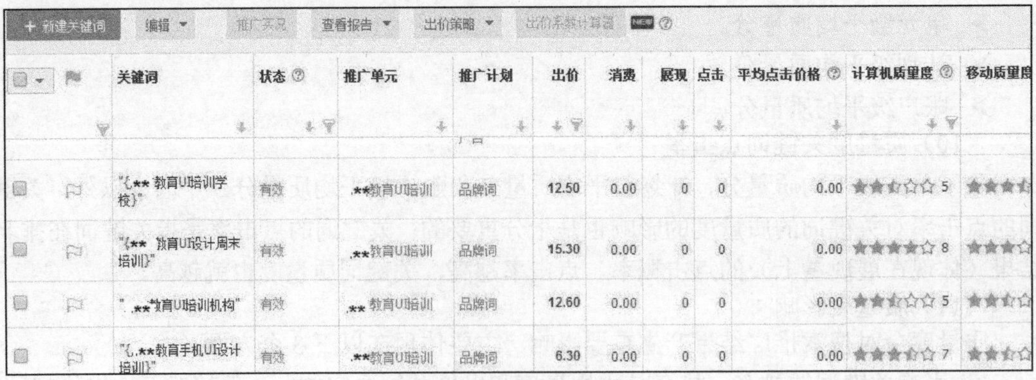

图 2.20 最低展现价格

3. 最低展现价格的决定因素

关于最低展现价格，有两个非常有趣的现象：第一，不同关键词的"最低展现价格"是不同的；第二，同一个关键词，不同企业在购买时得到的最低展现价格也是不同的。

这是因为最低展现价格由关键词的质量度和商业价值共同决定，企业看到的最低展现价格较高，可能意味着该关键词的商业价值较高，也可能是因为该关键词的质量度较低引起的。我们可以在关键词列表中查看关键词的质量度等级，通过优化关键词的质量度来降低最低展现价格。

4. 关键词商业价值的作用

关键词商业价值在百度搜索推广体系中能够起到平衡行业利益，维护用户体验的作用。为什么这么说呢？

我们先介绍一下商业价值的评判标准。关键词本身是没有价值属性的，只有不同的企业购买时才会发挥价值。百度认为越能准确捕捉有意向的、高价值的潜在客户的关键词，其商业价值就越大。在百度眼里，关键词商业价值的评判标准不是单一纬度的，而是双维度的，既能给企业捕捉到客户，同时也能给用户带来方便快捷的信息。这个判断标准深入到百度的所有商业产品的模式中。

案例：关键词商业价值的作用

"鲜花"这个关键词，每到重大节日时搜索量都非常大，很多用户都在通过搜索引擎满足自己购买鲜花的需求，很多鲜花店老板也聚集到搜索引擎上推广自己的产品。因为鲜花行业受到地域、时间限制，主要以中小企业为主。所以"鲜花"这个关键词最低展现价格并不高。某知名品牌为了获得更多品牌曝光也想购买这个关键词，但它无法满足用户需求，因为它根本就不售卖鲜花产品。此时，对鲜花企业主和用户体验都是严重打击。为了尽可能防止这种问题的出现，百度会通过最低展现价格杠杆给品牌大企业一个非常高的价格，提高其参与这类关键词竞价的成本，维持竞争环境的稳定性。

本章总结

本章主要讲解了以下内容：
- 搜索推广的概论、展现规则及形式。
- 搜索推广排名原理及账户推广基本流程。

本章作业

1. 网民搜索途径有哪些？
2. 影响质量度的因素有哪些？
3. 推广点击价格的算法，写出公式。

百度搜索推广

本章简介

本章主要介绍百度搜索推广流程、投放目标分析、账户结构的搭建思路、关键词的筛选、创意编辑技巧、账户数据监控等基础知识。

本章任务

熟悉百度搜索推广流程及百度开户流程和搭建；熟悉如何添加优化关键词，优化广告创意。

本章目标

- 掌握百度搜索推广的规则及形式。
- 掌握百度账户推广整体流程。
- 掌握搜索推广排名原理和技巧。

预习作业

请阅读本章内容，完成以下简答题：
1. 什么是关键词？
2. 关键词如何分组？
3. 什么是创意？
4. 如何设置账户地域、时间段？

3.1 概　　述

3.1.1 百度搜索推广流程

百度搜索推广包含一系列的账户管理流程，如图 3.1 所示为搜索推广账户管理流程。

1. 物料准备阶段

需要进行推广物料的准备，包括前期对于企业主推广目标的设定、推广关键词的选择、关键词的相关设置、创意的撰写编辑，以及账户中推广时间、预算、地域等设置。

2. 账户搭建阶段

将准备好的物料上传，等待系统审核；审核通过后对物料状态和推广位置进行检查。

3. 账户推广阶段

进入到大概一到两周的观察期，在这两周之内要结合数据对账户进行整体优化，直到账户效果相对平稳，进入稳定期。

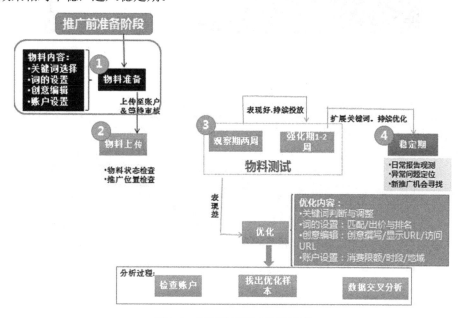

图 3.1　搜索推广账户管理流程

3.1.2 百度搜索推广方案

完整的百度搜索推广方案制作包含以下几方面：
- 投放目标分析。
- 账户结构搭建及优化。
- 创意撰写及优化。

- 账户设置。
- 账户数据监控及优化。

3.1.3 后台登录页面介绍

1. 百度登录页面介绍

如图 3.2 所示为百度登录界面展示，依次为扫码登录，用手机端 APP 扫码可以登录百度后台；账号登录，需输入百度用户名、密码和验证码即可登录。百度后台登录网址为 http://www2.baid.com。

图 3.2 百度登录界面

"搜索推广"是负责关键词投放，主要是管理关键词。百度主要有两个系统：一个为"搜索推广"；一个为"网盟推广"，如图 3.3 所示为百度后台首页。

图 3.3 百度后台首页

2. 搜狗登录页面介绍

搜狗登录界面如图 3.4 所示，输入搜狗账号、密码和验证码即可登录。搜狗后台登录网址为 http://auth.p4p.sogou.com。

图 3.4　搜狗登录界面

3. 360 登录页面介绍

360 登录界面如图 3.5 所示，单击"进入点睛平台"后，会出现图所示界面，输入账号和密码，单击"立即登录"按钮即可。

图 3.5　360 登录界面

4. 谷歌登录页面介绍

谷歌登录界面如图 3.6 所示，在谷歌后台登录页面输入登录的电子邮箱与密码，单击"登录"按钮即可。

图 3.6　谷歌登录界面

3.2 百度账户开户流程

3.2.1 搜索引擎平台开户费用介绍

1.百度推广首次开户费用

百度搜索推广采取预付费制，如图3.7所示。

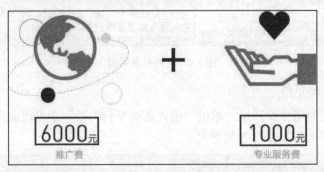

图3.7 百度开户费用

首次开户仅需交纳基本预存推广费用 6000 元，专业服务费 1000 元（服务费和基本预存推广费根据地区情况可能有所变动，具体费用由客户和服务提供方另行约定）。

开通服务后，企业自助选择关键词、设置投放计划，当搜索用户点击企业的推广信息访问企业网站时，系统会从预存推广费中收取一次点击的费用，每次点击的价格由企业根据自己的实际推广需求自主决定，企业可以通过调整投放预算的方式自主控制推广花费。

当账户中预存推广费用完后，企业可以继续续费保持或加大推广力度，通过百度推广获得更多客户和交易。

2. 搜狗首次开户费用

如图3.8所示为搜狗开户费用。

图3.8 搜狗开户费用

3．360 首次开户费用

360 点睛实效平台采取预付费制，企业需要在账户中预存推广费以用于推广。在推广过程中，企业只需要为有效的点击支付推广费用。单次点击费用不会超过企业设定的出价，具体扣费金额取决于企业的出价及创意/关键词的质量度等。

3.2.2 如何加入百度推广

1．加入百度推广需要符合的条件

企业加入百度推广，首先需要建立一个网站，或者在其他企业平台上建立网页，另外还需要通过百度推广的企业客户资质审核。为了让企业的推广取得良好效果，百度建议企业在网站维护管理、网上咨询服务、电话销售等方面有相应的配套部门和人员，将百度为企业带来的潜在客户成功转化为商机和订单。

2．申请百度推广服务

可以通过拨打 400-800-8888 或在官网在线申请等方式申请百度推广服务。申请后百度会有专人为企业提供相关服务。

3．申请百度推广需要准备的资料

为了保证推广信息真实有效，建设诚信健康的网络商业环境，百度针对不同行业，制定了不同的客户资质审核要求，需要企业提供包括营业执照、ICP 备案、行业资质等在内的材料、对公银行账户信息。具体要求可以向企业的营销顾问咨询。

4．开通百度推广的流程

开通百度推广，首先需要签订合同且交纳首次开户费用后按图 3.9 所示的步骤注册，后期会有相关人员审核相关资质，如果想要详细了解资质要求，可以找营销顾问帮助。

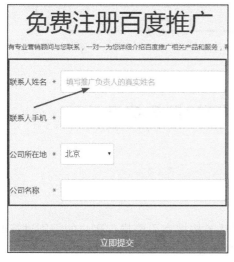

图 3.9　注册步骤

3.2.3 百度账户中心介绍

如图 3.10 所示为百度账户中心截图。

图 3.10 账户中心

账户中心包括账户概况、优惠专区、商户名片、合规信用、资质管理、门店管理、账户绑定、安全中心、账户信息,如图 3.11 所示。

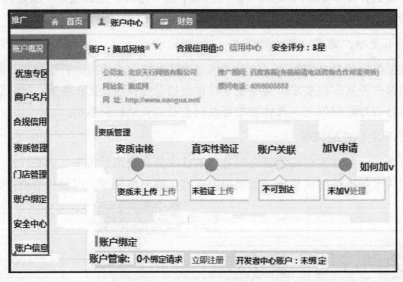

图 3.11 账户中心内容展示

3.3 账户结构搭建及优化

3.3.1 搭建及优化

1. 账户结构的含义

为达到最优的投放效果,将关键词和创意等按搜索引擎推广账户的规则进行归纳整理,从而形成有序结构,便于管理和监控广告效果。

2. 百度竞价推广账户中的 4 个层级

百度竞价推广账户分为推广账户、推广计划、推广单元、关键词和创意 4 个层次，如图 3.12 所示，4 个层级之间是层层包含的关系。

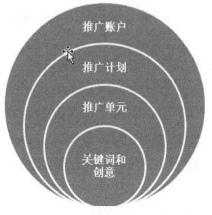

图 3.12 账户的 4 个层级

3. 百度账户级别划分

客户平台权益是百度搜索推广为客户提供的平台差异化服务，按照搜索推广的消费进行级别划分，并用徽章表示。点亮的徽章越多表示级别越高，将会享受更优质的平台服务。

4. 优秀账户标准

- 推广计划≥2。
- 每个推广单元关键词数量＜30，5～15 之间最佳。
- 每个推广单元创意数量至少两条。
- 关键词以结构相同，语义相近的原则划分单元。

案例：搭建账户结构的目的

为什么要搭建账户结构？

案例分析如图 3.13 所示，左图大学宿舍杂乱无章的情况下找东西是很不容易的一件事，而且没有效率；右图宿舍非常整齐，找东西也很容易，给人的视觉也很舒服。那么账户结构也是同样的道理，例如账户需要添加 2000 个关键词，搭建好井然有序的结构，关键词分类添加也非常容易。这就是为什么要搭建账户结构的原因。

图 3.13 对比图

3.3.2 账户结构设置通用技巧

1. 确定推广单元与关键词的主题唯一性

主题唯一指的是一个单元内的所有关键词,在词义上都是紧紧围绕一个主题,在词的结构上都是相同或相近的。

主题唯一的好处主要有两点:一是逻辑性非常强,便于后期账户的管理操作,可以很快地找到相关关键词在账户中的位置,得到相关数据;二是能够针对一个主题去撰写具有针对性的创意。

2. 每个推广单元最好保持 15~30 个关键词数量

这是针对一些小型账户建议的,一些比较大型复杂的账户未必适合。

关键词越少越便于管理和优化,这里的优化主要指的是针对创意的撰写,保持相对合理的关键词数量,更加便于创意的针对性撰写。

3. 将高流量、高消费、高转化关键词单独划分

这是很关键的一点,要把账户内高流量、高消费、高转化的关键词单独划分,单独考核,把这些词再精细划分管理,让它们更加好的表现。这样做的好处是,在后期优化的过程中可以有的放矢,把精力放在重点的关键词上;同时,还便于这些重点关键词在推广预算及推广时间上的更好把控。

如表 3.1 所示,未进行细分之前的推广单元内包含少儿英语口语班、少儿英语培训班、少儿英语培训、少儿英语教育 4 个关键词,搜索"少儿英语"的用户不一定是为了报英语培训班。因此,对于上面的这条创意,显然不会引起所有目标客户的关注;而下面细分单元后触发的创意,吸引力就强了很多。

表 3.1 单元划分示例

搜 索 词	推 广 单 元	关 键 词	创 意	是/否点击
英语培训	未细分单元	少儿英语口语班 少儿英语培训班 少儿英语培训 少儿英语教育	免费试听少儿英语,专家教学 一对一辅导	未点击
	细分单元1	少儿英语口语班 少儿英语培训班	少儿英语口语班专家主讲 轻松易学,价格优惠 学英语,从小做起	点击
	细分单元2	少儿英语培训 少儿英语辅导	名师主讲少儿英语培训免费试听 一学就会	

因此,细分单元有利于编辑针对性强的创意,更有利于吸引目标受众,从而获得更多有效点击,提升转化。

3.3.3　不同类型账户的结构划分

不同类型账户适用的账户结构是不同的，这是在设置账户结构时首先要考虑的维度。

1. 对于普通多业务账户的推广计划设置方法

- ➢ 推广预算、推广地域等维度划分多个计划。
- ➢ 对特殊事件，如促销、活动等可以单独建立一个计划。
- ➢ 对于多种业务的企业主，可以根据其产品推广预算或地域划分多个计划，对于特殊的事件可以单独建立一个计划，如某企业在销售产品的同时对招商加盟的业务分配及效果评估。

2. 对于单一业务账户的推广计划设置方法

- ➢ 一个计划下管理。
按照关键词类型划分为多个不同的计划。

3. 对于大型多业务账户的推广计划设置方法

- ➢ 推广的产品/业务的种类。
- ➢ 推广地域。
- ➢ 推广预算。

例如，可以将效果好、转化率高的关键词划分到一个推广计划中，分配较高的预算重点推广；或者当用户想尝试一批流量较大的关键词，又担心这批词会拉高总体消费，就可以为其建立单独的推广计划，并分配一定的预算。

- ➢ 网站结构、转化目标等。

如果有多重推广目标，如获得更多的注册量、获得更多的电话和订单、吸引更多人参与在线活动等，那么可以将计划划分为注册类、销售类、在线活动类等计划。

3.3.4　搭建百度竞价结构

搭建百度竞价推广账户结构，共有以下 4 个步骤：
（1）新建推广计划。
（2）新建推广单元。
（3）添加关键词。
（4）新建创意。

3.3.5　搭建账户结构的作用

搭建账户结构的作用是：便于设定预算，便于管理关键词出价，便于查看数据，便于针对关键词撰写创意，如图 3.14 所示。

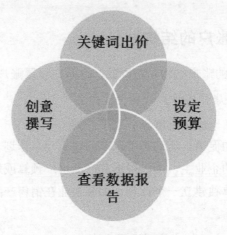

图 3.14 搭建账户的作用

案例：账户结构

1. 背景

公司名称：北京××健身俱乐部

所在城市：北京

所涉项目：减肥健身　腹肌健身

2. 搭建账户结构

某某网站，可将整个账户划分为品牌和产品两个推广计划。品牌新计划中划分为核心品牌词及地区品牌词两个推广单元；产品新计划中，根据不同健身种类划分推广单元。如图 3.15 所示为账户结构展示。

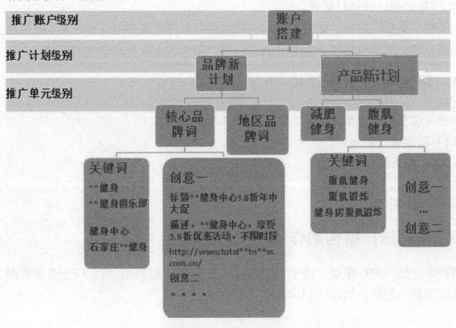

图 3.15　账户结构展示

3.4 关键词寻找与扩展

3.4.1 关键词

关键词是企业精心挑选的、用以定位潜在客户的字词。网民搜索时会使用一些特定的字词,称之为搜索词。这些搜索词体现了网民对信息的需求,可能涵盖了工作、生活的方方面面。企业可以将其中蕴含商业价值的字词挑选出来,作为关键词提交到搜索推广系统中。在网民搜索感兴趣的产品/服务时,系统会自动挑选符合网民需求的关键词,将其对应的信息展现在网民面前。如图 3.16 所示为搜索关键词展示结果。

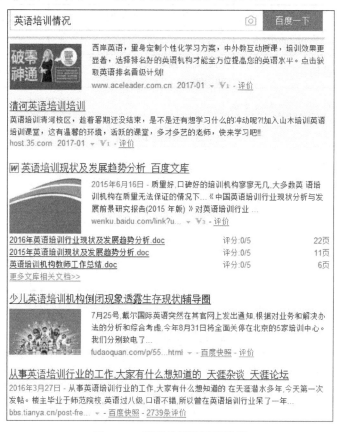

图 3.16 搜索关键词展示结果

仅在对企业的推广结果感兴趣,希望做进一步的了解,进而点击访问企业的网站时,企业才需要向百度支付相应的推广费用。也就是说,企业只需要为有意向的潜在客户的点击访问来支付费用。因此,企业可以尝试各类相关的关键词,并通过更广泛的匹配方式来覆盖更多的潜在客户。由于不同的关键词能定位的网民数量不同,带来的潜在客户的商业价值不同,竞争激烈程度也不同,建议企业充分利用百度系统提供的各种统计报告,科学地衡量和评估关键词的推广效果,不断进行优化。

3.4.2 寻找核心关键词

1. 确定竞价投放目标

对投放目标的分析确定，是一切营销活动的前提。只有定准目标，了解受众以及洞察市场情况，才可制定出有针对性的投放方案。

一个投放方案需要关注 3 个方面：营销目的、市场环境和目标受众。

➢ 确立营销目的，如表 3.2 所示。

表 3.2 营销目的

营销目的	详细内容	对应关键词
品牌推广	树立品牌形象，加大品牌曝光度	品牌词
市场公关	公益活动或负面新闻引导	活动词
主营业务宣传（产品/服务）	对产品/服务的优势进行宣传，或促进线上线下销售	产品词、通用词
活动/促销营销	对临时的活动或促销的宣传，或带动销售	活动词

➢ 研究市场环境，如表 3.3 所示。

表 3.3 研究市场环境

市场环境	详细内容	对应关键词
行业情况	近些年行业整体发展状况，行业中同类产品的相关信息	行业词
竞争对手	竞争对手的发展状况，宣传渠道，主要卖点，与自己品牌的差异性	竞品词
热点事件	行业内近期出现的热门事件	通用词

➢ 了解受众人群特点，如表 3.4 所示。

表 3.4 受众人群分析

受众人群	详细内容	对应关键词
受众人群特征	年龄、地域、性别、检索习惯（上网时间、淡旺季）	行业词

2. 核心关键词

确定核心关键词的方法有：投放需求寻词法，网站内容寻词法，相关搜索寻词法，相关工具寻词法。

【经验分享】

初期可以利用品牌词和不同的产品名称作为核心关键词，由品牌和产品词作为种子慢慢扩展。

3. 扩展关键词方法

➢ 关键词规划师。

方法：使用账户内的"关键词规划师"扩展关键词。

在搜索框中输入一个词，系统将自动搜索相关的关键词，并提供这些关键词在选定地域的日均搜索量、竞争激烈程度等信息。地域、设备均可选，可以查看展现理由、日均搜索、首页指导价以及竞争激烈度，后面均有"+"符号可操作添加到账户中。点击已选关键词，可以查看预估效果。也可以通过"可能适合你的词"选项卡进行添加。如图 3.17 所示为关键词规划师示例。

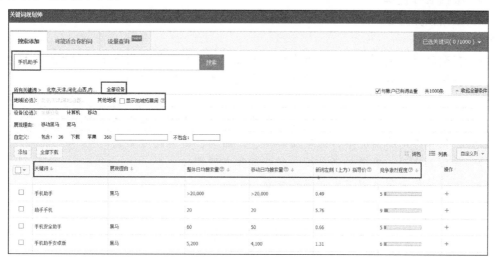

图 3.17　关键词规划师示例

➢ 词组组合式。

如图 3.18 所示为扩展关键词思路，可以帮助企业明确核心关键词的扩展思路。在确定关键词主要延伸方向之后，利用思维图有效覆盖核心关键词周边发散。

图 3.18　自由组合关键词思路图

- 搜索词报告。
- 网站统计工具。

【经验分享】

利用关键词组合方式扩展时，可以利用百度客户端中的关键词拼装工具，可以节省很多拼装时间。

4. 筛选关键词

- 根据推广需求提炼。
- 根据 KPI 提炼。
- 根据预算提炼。

【经验分享】

- 在确定推广预算时，建议根据推广需求先制定完整关键词方案，然后通过预估关键词消费能力得到推广的整体预算需求和各类词的预算配比。
- 如果推广是在既定预算的前提下进行，则需要参考各类关键词的词量、检索量、点击率、点击价格等体现消费能力的数据，合理搭配各类关键词的预算占比。
- 在预算不足的情况下，通常品牌词、产品词、通用词为必选。
- 若预算宽松，再增加活动词、行业词和人群词。
- 原则是优先覆盖需求更明确的受众。

3.5 关键词分组与添加

3.5.1 关键词分组

1. 如何搭建优质账户结构

如果一个公司的关键词数量达到了 10000 个时，怎么更快、更好、更准地搭建账户呢？该设置多少计划？多少单元？又是根据什么标准来划分呢？

- 不同账户搭建的计划数量不同，在实际工作中不要只考虑数量，还要兼顾维护难度，理论最优推广计划数量应该视关键词分组方法以及维护难度来定，一般推广计划数量为 1<N<30。
- 确定推广单元的数量，要根据关键词数量确定，一个单元内关键词数量 5~15 个为最佳。

【经验分享】

在考虑设置多少个单元时，在中小型账户时可以按照每个单元 5~15 个最佳的数量设置；在操作大型账户时，不要过多地关注关键词数量，但要保证单元内关键词词义相近，结构相同。

2. 关键词分组方法

给关键词分组通常使用以下 5 种方法，可以单一使用，也可以组合使用。

(1) 关键词转化意向分组法

关键词转化意向分组法是按照品牌词、产品词、通用词、人群词等关键词类型进行分组的，这种分组方式也是最常用的方式，如图 3.19 所示。

图 3.19　转化意向分组法

【经验分享】

竞品词的转化意向会根据自有品牌与竞品品牌间的差距发生变化：自有品牌知名度越高，竞品词的转化意向越好；自有品牌知名度越低，竞品词的转化意向越差。

(2) 关键词产品细分分组法

关键词产品细分分组法是在关键词类型上再做一次细分，根据公司不同产品/服务内容将关键词进一步细化的方法。如果公司产品种类繁多，可以考虑按照此方法对关键词进行分组。

(3) 关键词搜索热度分组法

关键词搜索热度分组法是根据关键词被网民搜索的频率进行分组的方法。

【经验分享】

- 热门词检索量高，冷门词检索量低，但两者之间没有绝对的数值之分。
- 热门词竞争恶劣，冷门词竞争良好，但两者之间没有绝对的竞争强度之分。
- 建议将检索量最高、竞争度最大的 20% 的关键词定义为热门词，20% 的热门词产生了 80% 的检索量。

(4) 关键词语义分组法

关键词语义分组法是通过找到关键词中相同或相近的核心字词进行分组的方法。

如何判断关键词中的核心字词？

- 意义相近可合并。

关键词：汉语学习，汉语课堂

核心词"学习"和"课堂"都有学习的意思，可合并到同组中。

- 意义越明确权重越高。

关键词：汉语在线学习课堂

"在线学习"和"课堂"都有学习之意，但"在线"的意义更为明确，权重级别为在线学习>课堂，所以选择"在线学习"。

- 选多个核心字词组合。

关键词：新概念汉语在线学习课堂

"新概念"和"汉语"取"新概念"，"在线学习"和"课堂"取"在线学习"，核心词组为"新概念在线学习"。

（5）关键词语法结构分组法

关键词语法结构分组法是按照同样语法结构的关键词分组的方法，主要涉及以下几种结构形式。

- 主谓短语：肌肉锻炼。
- 动宾短语：锻炼肌肉。
- 动补短语：瘦得快。
- 并列短语：减肥健身。
- 偏正短语：减肥教练。
- 陈述句：附近的健身中心。
- 疑问句：×××健身中心好吗？

3.5.2 组合使用关键词的分组方法

1. 同组禁止词序颠倒
- 错误：瑜伽在线课堂，在线瑜伽课堂。
- 正确：瑜伽在线课堂，瑜伽在线课程。

2. 陈述句和疑问句细分
- 错误：瑜伽培训地址，瑜伽培训地址在哪？
- 错误：瑜伽培训哪家好，哪家瑜伽培训好？
- 正确：瑜伽培训地址，瑜伽学校地址。
- 正确：瑜伽培训哪家好，瑜伽培训哪里好？

（1）组合应用示例——转化意向、产品细分、搜索热度，如图 3.20 所示，这样细分推广计划完全符合未来投放监控分析的要求。

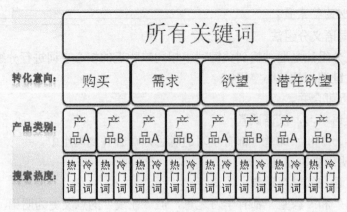

图 3.20 组合式应用

（2）组合式应用——语义和语法结构，如表 3.5 所示。

表 3.5 组合式应用

购买——产品A——热门词											
语义1					语义2				语义N		
主	谓	动	宾	疑问	主	谓	动	宾	主	谓	动 宾
小于30词	小于30词	小于30词	小于30词	小于30词	小于30词	小于30词	小于30词	小于30词	小于30词	小于30词	小于30词

（3）关键词根据语义细分，保证同一推广单元内关键词意义相同，便于同组中创意与关键词的相关性。

（4）关键词根据语法结构和数量上限细分，保证同一推广单元内关键词结构和数量符合账户规则的要求。

（5）按关键词字符长度进行划分，保证推广单元的关键词数量在30个以内，符合百度账户规则要求。

3.5.3 关键词添加规则

1. 关键词需要遵循的规则

➢ 关键词应与公司提供的产品/服务密切相关。

➢ 添加的关键词在百度搜索结果中必须存在相关的网页。

2. 关键词的形式

➢ 关键词应该是符合GBK汉字编码标准的简体中文。

➢ 关键词可以含汉语拼音、大小写英文字母、阿拉伯数字。

➢ 关键词可以含空格、短横线（-）、点（.）。

➢ 关键词不能添加特殊符号、全角字符、粗体字符、非中英文字符和繁体中文字符。

3. 关键词状态

➢ 有效：关键词可以推广。

➢ 不宜推广：关键词不符合推广标准无法推广。

➢ 暂停推广：关键词设置为暂停。

➢ 搜索无效：关键词出价低于最低展现价格。

➢ 待激活：关键词创建后未激活。

➢ 搜索量过低：关键词因搜索量低而被系统暂停。

➢ 审核中：系统正在对关键词进行审核。

【经验分享】

百度账户支持在不同推广单元里添加相同的关键词，以及设置不同的出价等。

3.5.4 添加关键词步骤

（1）选中需要添加关键词的推广计划。

（2）选择需要添加关键词的推广单元。

（3）单击"添加关键词"按钮，进入如图 3.21 所示的关键词工具页面（本图仅供参考图，以实际界面为准）。

图 3.21 关键词工具页面

（4）写入需要添加的关键词，或者从右侧"搜索关键词"框中用核心关键词扩展之后再添加。

3.5.5 批量添加关键词

1. 批量添加关键词的优点

批量添加关键词在日后的工作中会节省很多时间，所用到的工具就是百度推广客户端。它有以下几个优点。

- 批量编辑：可同时编辑多个计划、多个单元的不同物料。
- 离线操作：确保安全，可在本地编辑完成检查无误后再上传。
- 多账户管理：一键切换多个百度平台多个账户。

2. 批量添加关键词的方法

（1）选择已有推广计划和单元，在如图 3.22 所示界面中批量添加关键词。

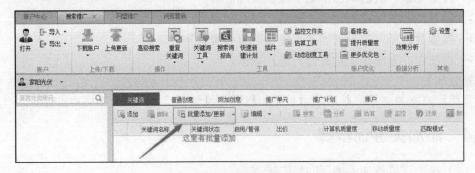

图 3.22 批量添加关键词

（2）推广计划、单元和关键词填写入 Excel 文件输入，其输入格式如表 3.6 所示。

表 3.6 Excel 文件

品牌词	核心品牌词	汇欣健身
品牌词	核心品牌词	汇欣健身俱乐部
品牌词	核心品牌词	汇欣健身中心
品牌词	核心品牌词	北辰汇欣健身

【经验分享】

在有批量关键词需要添加或者替换时，最好使用百度推广客户端操作，能节省很多时间。

案例：关键词分组

【案例描述】

以"北京华尔街英语"的角度判断表 3.7 所示中关键词的转化意向。

表 3.7 关键词转化意向

关 键 词	转 化 意 向	关 键 词	转 化 意 向
华尔街的英语	购买	北京学英语	需求
英语夏令营	欲望	英语在线讲座	需求
英语在线学习	需求	考试辅导	潜在欲望
英语辅导	需求	寒假学英语	需求
新东方英语	购买	如何记单词	欲望
商务英语课程	需求	英孚英语	需求
英语学习方式	欲望	外贸英语词汇	欲望
英语在线讲解	需求	大一新生必备物品	潜在欲望
新东方厨师培训	潜在欲望	如何学英语	欲望
英语口语	欲望	英语口语网站	欲望

【案例分析】

着重分析几个关键词，看一下转化意向该如何划分。

➢ "新东方英语"是品牌词，转化意向较强，转化意向定为"购买"。

➢ "北京学英语"是有学习英语的需求，比通用词明确，所以转化意向定位"需求"。

➢ "外贸英语词汇"一般搜索这种词的人只是想看看相关的词汇表，没有明确的报班学习的需求，所以转化意向定为"欲望"。

➢ "新东方厨师培训"虽然是含有品牌词，但和业务不相关，所以定为"潜在欲望"。

➢ "大一新生必备物品"，大一新生日后在四六级英语考试、出国考试等学习中可能会接受英语培训，这个词是人群词，转化意向定为"潜在欲望"。

3.6 关键词匹配模式

3.6.1 关键词匹配原理

1. 关键词匹配模式定义

在用户搜索时,系统会自动挑选对应的关键词,将推广结果展现在用户面前。企业可以通过设置匹配方式,来决定用户搜索词与关键词之间可能的对应关系。

百度提供了3种不同的匹配方式:精准匹配、短语匹配和广泛匹配。下面以关键词"福特福克斯改造"为例,介绍各种匹配方式下可能对应的搜索词。

(1) 精确匹配

福特福克斯改造(与关键词字面完全相同的搜索词)。

(2) 短语匹配

> 精确包含:福特福克斯改造、北京福特福克斯改造、福特白色福克斯改造、改造福特福克斯(精确匹配+完全包含关键字及关键字的插入和颠倒形态)。

> 同义包含:福特福克斯改造、北京福特福克斯改造、福特白色福克斯改造、改造福特福克斯、福特福克斯改装(精确包含+关键字的同义形态)。

> 核心包含:福特福克斯改造、北京福特福克斯改造、福特白色福克斯改造、改造福特福克斯、福特福克斯改装、福克斯改造、白色经典福克斯改造、白色福克斯改装(同义包含+包含关键词核心部分或核心部分的插入及该关键词插入颠倒形态的短语,并支持同义词匹配)。

(3) 广泛匹配

福特福克斯改造、北京福特福克斯改造、福特白色福克斯改造、改造福特福克斯、福特福克斯改装、福克斯改造、白色经典福克斯改造、白色福克斯改装、福特相关车型改装(精确匹配+短语匹配+关键词的相关变体形式)。

无论是哪种匹配方式,关键词都能成为精准定位有意向的用户,即潜在客户。特别是借助于广泛匹配和短语匹配,企业可以把推广结果展现给尽可能多的潜在客户,捕捉更多的商机。同时,大量的免费展现也会提升企业的品牌在用户中的知名度。此外,由于企业无须再绞尽脑汁考虑还要提交关键词的哪些相关变体形式,选择广泛的匹配方式可以帮企业节省大量的时间和精力。基于这些优势,广泛匹配是应用最多的匹配方式,也是系统自动为企业选择的匹配方式,具体请参见怎样给关键词设置各种匹配方式。

在使用短语匹配和广泛匹配时,企业可以通过搜索词报告,查看哪些搜索词触发了企业的推广结果。如果看到了不相关的搜索词,并通过百度统计发现这些词的效果不理想,那么企业可以利用否定关键词,让包含这些词的搜索词不触发推广结果,从而更精准地定位潜在客户,降低转化成本,提高企业的投资回报率。

每种匹配模式都有其优点,也有其不足,如图3.23所示为匹配模式优劣势对比。

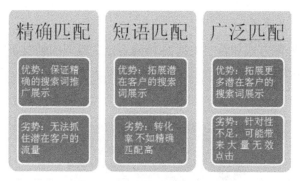

图 3.23　匹配模式优劣势对比

【分析】

使用精确匹配无法保证覆盖所有潜在用户，使用短语匹配和广泛匹配会遇到无效词，如何在保证尽可能多的覆盖潜在用户的基础上，尽量减少无效词呢？

2. （精确）否定关键词

（1）否定关键词

在使用广泛匹配和短语匹配时，如果企业通过搜索词报告看到了不相关的搜索词，并通过百度统计发现这些词不能带来转化，那么可以通过添加否定关键词，让包含这些词的搜索词不触发推广结果。如果想缩小限制范围，则可以通过添加精确否定关键词，让与这些词完全一致的搜索词不触发您的推广结果。

案例：

设置否定关键词：主管

例如，企业为关键词"英语培训"设置了广泛匹配，在查看搜索词报告时，发现搜索"英语培训主管"的用户也点击了推广结果。通过百度统计，进一步发现这些用户并没有真正打开企业的网页，或在网站上的停留时间极短。这时，您可以在推广计划和推广单元中将"主管"添加为否定关键词，这样用户在搜索"招聘英语培训主管"等包含"主管"的搜索词时，将不会看到企业的推广结果。

（2）精确否定关键词

案例：

如果企业只想针对某些搜索词进行精准的限制，就可以将其设为精确否定关键词，仅让与这些词完全一致的搜索词不触发推广结果。仍以"英语培训"为例，企业发现搜索"培训"也有可能展现推广结果，此时可以将"培训"设为精确否定关键词，这样搜索"培训"的用户就看不到自己的推广结果了，而搜索"英语培训"的人仍可以看到自己的推广结果。

否定关键词/精确否定关键词与搜索词报告、广泛匹配组合使用，可以使您在通过获得更多潜在客户访问的同时，过滤不必要的展现点击，降低转化成本，提高投资回报率。但需要注意的是，过度使用、不当使用否定关键词/精确否定关键词也会导致企业错失潜在商机，影响企业的推广效果。

3. 匹配模式完整关系图

关键词的 5 种匹配方式和否定关键词/精确否定关键词的触发条件和它们之间的关系可以利用图 3.24 来辨别。

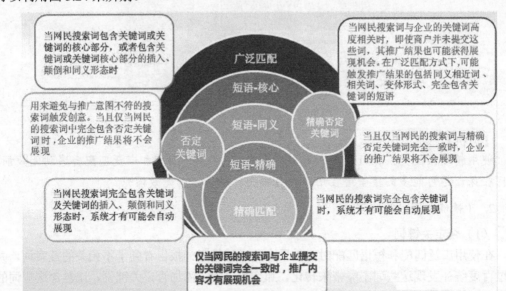

图 3.24　匹配模式完整关系图

3.6.2　关键词匹配模式实例演示

1. 关键词匹配方式修改

新添加的关键词默认是广泛匹配，如图 3.25 所示为关键词匹配模式样式（本图仅供参考，以最新的百度界面为准），修改关键词的匹配方式可以按照图 3.26 所示进行修改（本图仅供参考，以最新的百度界面为准）。

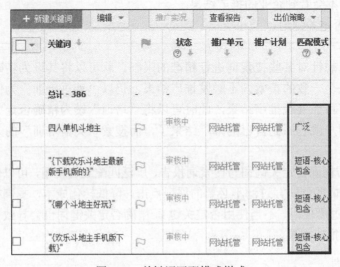

图 3.25　关键词匹配模式样式

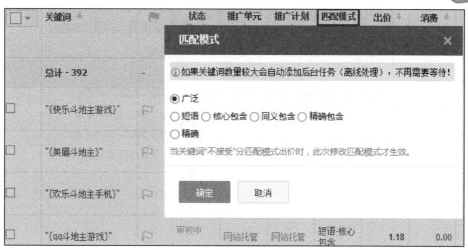

图 3.26 关键词匹配模式修改

【经验分享】
- 精确、短语（核心、同义、精确）、广泛匹配在关键词里设置。
- 添加关键词时默认为广泛匹配。
- 匹配模式符号。
  - 广泛匹配 = 关键词
  - 短语-核心 = "{关键词}"
  - 短语-同义 = "关键词"
  - 短语-精确 = "[关键词]"
  - 精确匹配 = [关键词]

2. （精确）否定关键词添加

为减少无效的搜索词，可以在账户计划层级和单元层级设置否定关键词和精确否定关键词，如图 3.27（本图仅供参考，以最新的百度界面为准）和图 3.28（本图仅供参考，以最新的百度界面为准）所示。

图 3.27 否定关键词界面

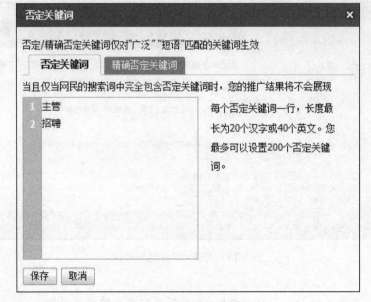

图 3.28 添加否定关键词

【注意事项】
- 否定关键词和精确否定关键词只在短语、广泛匹配时生效。
- 否定关键词和精确否定关键词可在推广计划和推广单元中设置。
- 一个推广计划或推广单元可以设置 200 个否定关键词和 200 个精确否定关键词。

3.6.3 关键词匹配模式使用技巧

1. 关键词匹配模式的意义

在日后的工作中,可能会遇到种种问题,如账户内关键词匹配模式全部设置为精确匹配,展现量上不去,预算花不完;账户内关键词全部设置成广泛匹配,预算却有限制,账户早早就下线了,点击次数很多,转化量很少。可见关键词的匹配方式设置是非常重要的,账户中的关键词怎样设置匹配方式比较合理呢?学完本节就会有一个清晰的认识了。同一个关键词设置为不同的匹配方式,带来的展现差异是很大的。

2. 关键词匹配模式使用技巧

(1) 精确匹配的使用技巧
- 大型账户中所有关键词都使用精确匹配,优化难度较大,展现量上不去,所以不要将大型账户中的关键词都设置为这种匹配模式。
- 核心关键词点击多出价高,需要精准定位,保证投放效果,可以选择此匹配方式。
- 长尾关键词点击少出价低,精确匹配很难保证展现量,长尾关键词尽可能不用这种匹配方式。

【经验分享】

精确匹配这种关键词匹配方式只有在字面一致的情况下才会展现,所以要保证整个账户的展现量,不要把所有的关键词设置为这种匹配方式,核心关键词可以选择设置成精确匹配模式，保证精准定位，又能节省一些不相关的点击造成的费用。

（2）短语-核心匹配的使用技巧

➢ 短语-核心匹配会匹配到长尾关键词，同时也会匹配到一些无效关键词。

➢ 如果配合否定/精确否定关键词使用，就能将效果发挥到最大化。

【经验分享】

短语-核心匹配能够合理拓展关键词库，合理运用否定词，短语匹配将是竞价推广的一大助力。

（3）短语-同义匹配的使用技巧

其匹配范围比短语-核心匹配小一些，降低无效关键词的匹配机会，适用所有关键词。

（4）短语-精确匹配的使用技巧

➢ 短语-精确匹配方式的匹配面较窄，不适合词组较多的长尾关键词使用。

➢ 大型账户中所有关键词都使用短语-精确匹配，展现量无法提升，优化难度较大。

➢ 适用于核心关键词。

（5）广泛匹配的使用技巧

➢ 核心关键词在使用广泛匹配时，会匹配到大量无效词，造成浪费。

➢ 长尾关键词单次点击价格低，可以使用广泛匹配。

➢ 当企业的目的是提高知名度时，可以利用广泛匹配增加曝光。

【经验分享】

广泛匹配+搜索词报告+否定关键词这组黄金组合可以使百度推广为企业带来更大的流量，更多的潜在客户，可以尝试使用。

广泛匹配除了能够覆盖到短语匹配的范围，还能够匹配到许多其他形式的关键词。核心关键词若使用广泛匹配时，使用不当会造成大量的浪费，可以尝试使用否定关键词和精确否定关键词减少无效搜索词触发展现结果。

（6）（精确）否定关键词的使用技巧

➢ 否定关键词：在推广计划和推广单元中添加，所在推广计划可添加200个否定关键词，所在推广单元也可添加200个否定关键词。否定关键词适用于使用短语或者广泛匹配的关键词。

➢ 精确否定关键词：在推广计划和推广单元中添加，所在推广计划可添加200个精确否定关键词，所在推广单元也可添加200个精确否定关键词。精确否定关键词适用于使用短语或者广泛匹配的关键词。

【注意事项】

若在推广计划A设置了（精确）否定关键词，A计划中的B单元也设置了（精确）否定关键词，B单元是叠加执行计划A和单元B的（精确）否定关键词。

3. 关键词匹配模式整体策略

（1）避免账户结构混乱

假设账户由100个词组成，其中20个词为核心关键词，80个词为普通长尾词，可以设置成核心词计划-精确、长尾词计划-精确和核心词计划-短语/短语-精确、长尾词计划-短语/广泛等很清晰的账户结构。

(2) 避免搜索词匹配混乱

核心词计划作短语匹配时，会出现以高价关键词匹配低价搜索词的现象，避免这种局面可以在相应的计划或者单元设置否定关键词，如图 3.29 所示。

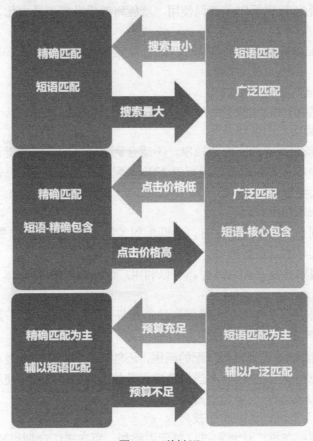

图 3.29　关键词

案例：否定关键词选择

【案例描述】

某家培训机构通过账户搜索报告看到有以下搜索词：网络营销培训、网络营销培训老师、网络营销培训讲师、网络营销培训师、网络营销讲师培训、老师、老师培训、网络营销老师培训。这些搜索词触发了账户中的关键词，但一些词语与业务相关性不大，所以需要设置一些否定关键词。

【案例分析】

如果把"老师"设置为否定关键词，能展现的关键词有网络营销培训、网络营销培训讲师、网络营销培训师、网络营销讲师培训。

如果把"老师"设置为精确否定关键词，能展现的关键词有网络营销培训、网络营销培训老师、网络营销培训讲师、网络营销培训师、网络营销讲师培训、老师培训、网络营销老师培训。

如果把"师"设置为否定关键词，能展现的关键词有网络营销培训。

通过以上分析得出，选择否定词的步骤时优先考虑单字否定词，随后考虑多字否定词。

3.7 质量度优化

1. 质量度司南

质量度司南是百度推广系统对关键词质量度影响因素的细化披露，企业主可以根据提示内容更有针对性的优化质量度。当鼠标悬停在关键词质量度上方时，会出现质量度司南浮窗，如图 3.30 所示（本图仅供参考，以百度最新网站界面为准）。质量度司南将提示信息量化为"竞争力""目标网页体验"两个因素，并根据当前关键词质量度给出针对建议。

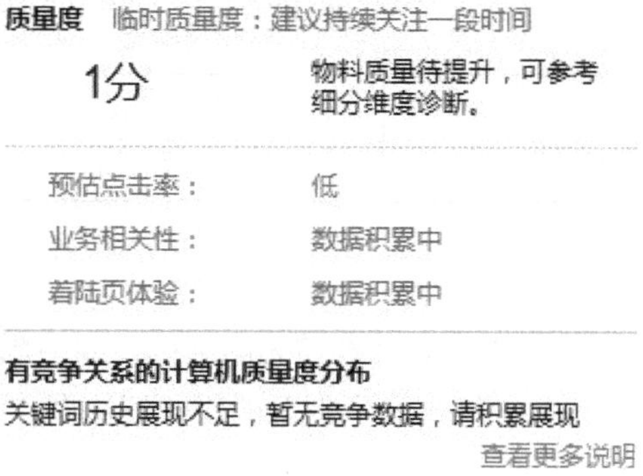

图 3.30　质量度司南界面

2. 竞争空间

登录首页之后，在便捷管理中的提升质量度界面，就可以看到账户中关键词在各个分值段的分布比例以及关键词对应的优化建议，如图 3.31 所示（本图仅供参考，以百度最新网站界面为准）。

图 3.31　提升质量度概况页

3. 不同分值关键词的优化

针对不同星级的关键词，相应的优化策略如表3.8所示。

表3.8 不同星级关键词优化操作

星 级	质量度水平	如何优化质量度	如何优化到左侧
★★★★★	优秀	—	调整出价
★★★★	较优秀	—	调整出价
★★★	良	新增创意	调整出价
★★	一般	优化创意撰写 转移到相关单元	（1）调整出价 （2）持续优化质量度
★	较差	优化创意撰写 转移到相关单元	（1）优化质量度 （2）建议3天以后再优化

4. 创意优化表

撰写的创意在实际推广中可能会有几种常见的问题，如不飘红、不通顺、不相关、不吸引人等问题。如表3.9所示为不同情况下创意的优化解决办法。

表3.9 创意优化表

现 象	原 因	解 决 方 法
不飘红	未嵌入通配符	撰写新创意并嵌入通配符
	关键词超长	转移关键词至新单元并新建创意，默认关键词为单元内最长的关键词
不通顺	通配符简单重复	原单元内新增通顺的创意
	单元划分不合理	将1星词按照"语意相近、结构相似"的原则重新划分单元，并撰写新创意
不相关	创意撰写人员未意识到	转移关键词至新单元并撰写新创意
	单元划分不合理	将1星词按照"语意相近、结构相似"的原则重新划分单元，并且围绕单元撰写创意
不吸引人	创意内容不吸引人	创意突出商家特有的卖点，如免费、打折、试听、5折优惠等
	创意形式不吸引人	创意撰写人员要发散思维，结合自己行业特点，学习优秀的创意写法

3.8 关键词出价和排名

3.8.1 了解关键词出价原理

1. 关键词出价

关键词出价即企业愿意为一次关键词点击所支付的最高费用。关键词出价的设置可以在推广单元层级，也可以在关键词层级。

- 关键词出价：关键词层级出价可以选填，仅作用于该关键词，最高出价为999.99元。
- 最低出价：最低展现价格。
- 推广单元出价：必填、作用该单元内所有关键词、最高出价为999.99元。
- 最低出价：0.01元。
- 最低展现价格由关键词质量度和商业价值共同决定。

2. 关键词出价设置

- 默认单元出价：单元内关键词没有单独设置出价时默认单元出价，单元在添加时已经添加了相应单元价格，需要重新调整关键词价格时可以调整单元出价。
- 关键词出价：选中关键词，然后修改价格即可。如图3.32所示为关键词出价界面（本图仅供参考，请以最新百度关键词页面为准）。

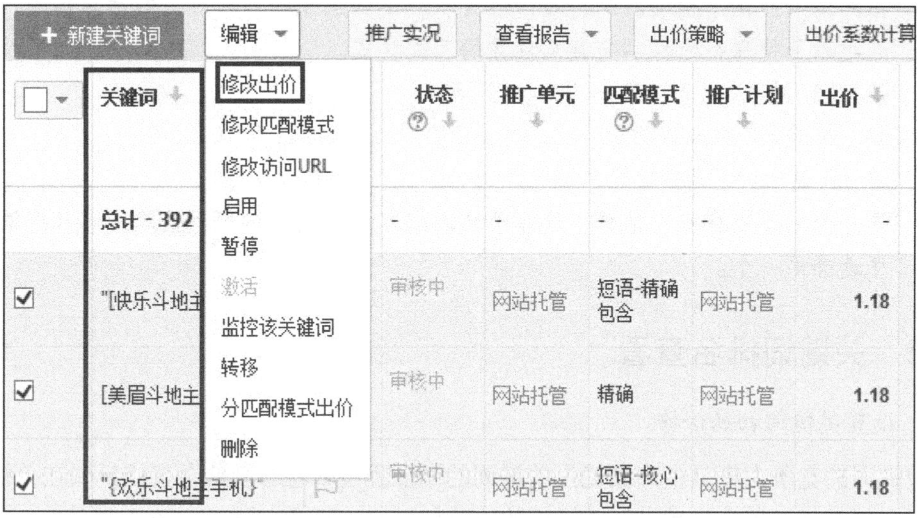

图3.32 关键词出价界面

3. 关键词综合排名指数

关键词的排名是由综合排名指数决定的。综合排名指数等于关键词质量度与出价的乘积，在质量度相同的情况下，出价越高，排名越靠前。

- 关键词的质量度是百度推广账户对关键词的打分，用于反映网民对参与百度推广的关键词的认可程度。
- 点击价格不会超过出价，一些情况下甚至会远低于出价。理论点击价格等于下一名的综合排名指数/自身的质量度再加上 0.01 元。

【经验分享】
- 提高出价不一定能提升排名，同行的价格也可能在调整。
- 提升排名不一定要提高出价，也可以依靠提高关键词质量度。

3.8.2 关键词排名估算

添加到账户的关键词需要设置初始价格，如果想获得前 3 名的排名，出价多少才能满足呢？可以借助估算工具来估算。

1. 估算工具

定义：估算工具可以根据关键词、出价、推广地域等信息，为关键词估算排名。

入口：底部工具栏→估算工具。

2. 推广实况

定义：可以方便查看任一搜索词在某一地域的推广情况。

入口：底部工具栏→推广实况。

【经验分享】
- 估算工具提供了精确匹配、短语匹配、广泛匹配 3 种匹配方式的估算结果，可以通过以下特殊符号标示关键词估算的匹配模式。
  - 关键词 = 广泛匹配
  - "关键词" = 短语匹配
  - [关键词] = 精确匹配
- 同一个词不能在一次估算中选择不同匹配方式，这种情况下估算工具只按输入顺序选择第一个。

3.8.3 关键词排名查看

1. 设置关键词初始价格

关键词的竞争力度是指商家竞投关键词的激烈程度，它的高低会直接反映在关键词的出价上。关键词竞争力度越高，关键词的出价就越高；反之关键词出价则越低。

关键词竞争力度由以下 3 个方面组成。
- 关键词转化意向：如图 3.33 所示为转化意向、搜索量与关键词出价的关系，关键词的转化意向越强，关键词价格越高。
- 关键词搜索量：关键词的搜索量越大，未必关键词的价格就越高。

- 搜索区域和搜索时段：每个推广地域的网民成分和数量不同，关键词的搜索量不同，所以不同区域的关键词价格有所不同；不同推广时段的网民成分和数量不同，关键词的搜索量不同，所以不同时段的关键词价格有所不同。

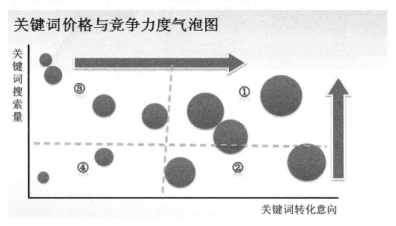

图 3.33 转化意向、搜索量与关键词出价的关系

2. 关键词与搜索词的关系

搜索词与关键词的匹配度是指任意关键词与搜索词之间的相似程度，是一个 0~1 的数值。

匹配度的计算方法如下：
- 关键词使用任意匹配模式，当搜索词与关键词完全相同时，匹配度为 1。
- 关键词使用短语/广泛匹配模式，当搜索词与关键词不完全相同时，匹配度 N 为 0~1 的小数，搜索词与关键词越相似匹配度越高。

3. 综合排名指数

图 3.34 所示为综合排名公式。

图 3.34 综合排名公式

推广账户中存在大量短语/广泛匹配的关键词，搜索词会与哪一个关键词进行匹配呢？
- 理想情况下，搜索词与关键词相同，匹配度为 1。
- 实际情况下，搜索词会与每一个关键词计算匹配度，得出综合排名指数，再进行对比。

4. 百度推广出价原理

如图 3.35 所示为百度推广出价原理图。

图 3.35 百度推广出价原理

5. 设置关键词初始价格

(1) 抽样出价

利用数据抽样的办法,从账户中找到具有代表性的关键词,进行出价操作,估算关键词展现的价格范围。如表 3.10 所示为关键词抽样出价。

表 3.10 关键词抽样出价

品 牌 词	出 价	产 品 词	出 价	通 用 词	出 价	人 群 词	出 价
品牌词 1	30	产品词 1	21	通用词 1	3	人群词 1	1
品牌词 2	25	产品词 2	14	通用词 2	8	人群词 2	1.5
品牌词 3	27.5	产品词 3	7.5	通用词 3	1.5	人群词 3	2.5
品牌词 4	18	产品词 4	9	通用词 4	4	人群词 4	1.4
品牌词 5	16	产品词 5	18.2	通用词 5	1	人群词 5	0.8
品牌词 6	22	产品词 6	15	通用词 6	3	人群词 6	3.9
平均值	23.08	平均值	14.12	平均值	3.42	平均值	1.85

(2) 梯度出价

➢ 根据关键词竞争力度的不同设置不同的匹配模式进行出价。

例如账户设置关键词,一组为精确组计划,另一组为短语/广泛组计划。精确计划组对账户内关键词进行精确投放,保证展现;短语/广泛计划组覆盖未添加的有效关键词,出价调整到精确组的 80%,降低成本。

➢ 根据时段的不同,设置不同的推广计划进行出价。

竞争激烈的时段,可以适当地调高出价,保证能展现在页面中;在竞争不激烈的时候,如晚间,可以适度调低关键词出价。或者建立白天和晚间两个推广计划,竞争激烈的白天出价高一些,晚间竞争弱化,出价稍微低一些。

【经验分享】

是白天竞争激烈还是晚间竞争激烈是与行业有关的，实际工作中要根据行业特点设置。

根据地域的不同，设置不同的推广计划进行出价。根据推广地域竞争情况设置关键词价格，在竞争激烈的地域，关键词出价适当地调高一些，保证有展现的机会；在竞争不激烈的地域，可以选择出价低一些，竞争力度相近的区域可同组投放。

3.8.4 优化关键词出价

1. 营销目的分解

为企业的营销目的做一个分解，分析出重点选择的关键词，保证重点关键词获得展现的机会。如图 3.36 所示为营销目标分解图。

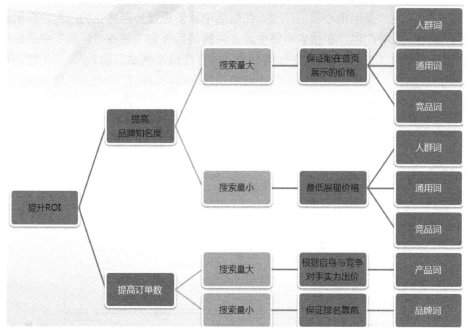

图 3.36 营销目标分解图

2. 常规出价策略

关键词出价优化分主次。

（1）核心词微调

- 经常调：一天调几次/每天调/每周调。
- 逐词调：每一个关键词逐查逐调。

（2）非核心词粗调

- 偶尔调：每月调/每季度调。
- 批量调：利用客户端和 Excel 批量操作。关键词竞争力度越激烈越需要微调，关键词产生点击和消费后需要微调。

3. 低质量度词出价策略

账户中会存在质量度过低的关键词 A，短时间内无法优化提升质量度，这个词应该如何出价呢？可以按以下步骤操作。

（1）估算关键词 A 在质量度正常时的价格。
（2）选择一个可以与之短语匹配的高质量度关键词。
（3）适当调整关键词 B 的出价，使关键词 A 获得排名。

3.9 广告创意优化策略

3.9.1 创意的含义

创意其实就是一条别出心裁的广告。在生活中我们见过形形色色的广告，而创意就是在搜索引擎上展现的广告。在搜索引擎中输入关键词后看到的带有"广告"字样的推广结果就是创意，如图 3.37 所示（本图仅供参考，以百度最新网站界面为准）。关键词可以为企业定位潜在客户，创意的作用则是帮企业吸引潜在客户。出色的创意能使企业的推广结果在众多结果中脱颖而出，吸引潜在客户访问你的网站，并在浏览网站的基础上进一步了解企业提供的产品/服务，进而采取转化行为，如注册、在线提交订单、电话咨询、上门访问等。

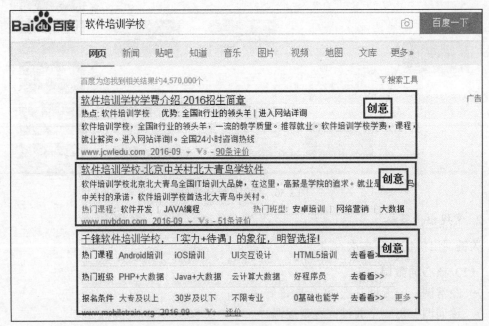

图 3.37 创意

3.9.2 创意的基本要求和规则

一条优质的推广创意能够呈现企业提供的信息并迅速满足搜索者对信息的需求，以达到推广目的。

在整个优化过程中，创意直接影响的是点击率，点击率会影响质量度，质量度会影响出价等，所以说有一条好的创意对推广来说非常重要。

1. 字符长度规则

一个半角英文、数字、符号为一个字符，一个全角英文、数字、字符或汉字为两个字符。

（1）标题：上限 50 个字符。

（2）描述一：上限 80 个字符。

（3）描述二：上限 80 个字符。

（4）显示 URL：上限 36 个字符。

（5）访问 URL：上限 1017 个字符。

2. 广告创意编辑规则

作为一个基本原则，创意内容必须针对关键词撰写，突出产品/服务的特色优势，且语句通顺、符合逻辑。同时应注意以下几点：

➢ 客观、真实，不要夸大实际或包含虚假信息。

➢ 使用有意义的符号、数字、字母、空格符。例如产品型号中必须包含的符号、数字或字母。

➢ 避免在创意中使用特殊符号，包括但不限于【】『』○●△▲◎☆★◇◆□■▽▼⊙¤等。

➢ 避免在创意的标题、描述中使用网址或类似网址的形式，如 www.baidu.com 等。

➢ 避免在创意中使用含有贬低其他客户或直接与其他客户进行比较的用语。

➢ 避免在创意中使用包括赌博、色情等宣传非法内容或有悖公序良俗的词汇。

3. 断句符

断句符用符号"^"（不含引号）表示，可以在创意的标题和描述中插入"^"，这样当推广结果在右侧推广位置展现时，将只出现"^"之前的内容。

➢ 断句符仅可用于标题和描述 1 中，并且仅当推广结果在右侧推广位置展现时有效。

➢ 撰写标题时，断句符前的字符超过 28 个；或者撰写描述 1 时，断句符前的字符超过 40 个，断句符自动失效。

➢ 断句符不能插入到通配符中。

4. 创意的状态

创意的状态可以体现创意当前的推广情况，共包括以下 5 种状态。

➢ 有效：表示创意当前可以推广，但推广结果能否正常上线展现由账户、推广计划、推广单元、关键词、创意等各层级的状态共同决定。

➢ 不宜推广：表示创意因不符合推广标准而无法正常展现。系统将告知用户创意不宜推广的具体原因，用户需要据此修改创意或其相关信息，修改后系统将重新审核创意。

- 暂停推广：表示创意设置了暂停，此时该条创意将不再展现，直至用户点击"启用"来取消该创意的暂停。
- 审核中：表示系统正在对创意进行审核，通过审核的创意才能正常推广。
- 待激活：表示创意是由推广顾问创建激活这些创意后，关键词即可推广。在推广计划列表的"账户设置"中，可以进行关键词/创意的激活时长设置。

5. 创意的展现方式

创意的展现方式设置方法如图3.38所示（本图仅供参考，以百度最新网站界面为准），在账户中有两种设置方式。

- 优选：多条创意轮换着出现，每条创意的展现可能性是一样的。
- 轮替：搜索词、关键词相关程度更高，表现更优、网民更认可的创意予以更多的展现，自动优化推广效果。

图3.38 创意展现方式设置

3.9.3 创意的组成和展现位置

1. 创意的组成

- 标题：标题是指将整条创意用精简的、概括性的一句话体现。
- 描述：描述主要突出产品、服务特点、公司优势、检索词和实际业务之间的关系。
- URL：URL是企业网址，选择较短、且能表达企业信息的网址，如图3.39所示。

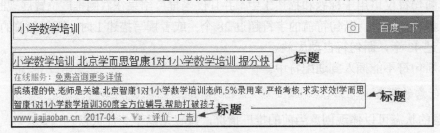

图3.39 创意的组成元素

2. 创意的展现位置

左侧创意推广位在广告末尾会带有"商业推广"字样，如图3.40所示（本图仅供参考，以百度最新网站界面为准）。其展示位置是在搜索结果首页的左上部位，展示数量是4个。

图 3.40 左侧推广位

【经验分享】

左侧推广位符合人们从左至右的浏览习惯，容易被看到，另外显示区域比较大，可显示内容比较多，因此对于出价和质量度要求比较高。

3.9.4 创意的优化技巧及样式

撰写创意是质量度优化中最常见、有效的方法。好的创意能够激发网民潜在需求，吸引网民点击，提升点击率。

1. 创意优化技巧

创意在撰写过程中有以下两个方面的要求。

（1）飘红

创意展现在网民面前时，标题描述中部分文字以红色字体显示，称为创意的飘红。对网民来说，创意有飘红部分意味着推广结果能够满足自己的搜索需求，因此飘红有助于吸引网民的视线关注，提高潜在客户点击访问网站的概率。有以下两种情况会出现飘红。

➢ 当创意文字包含的词语与用户搜索词包含的词语完全一致或意义相近时，在展现时会出现飘红。

➢ 如果创意标题或描述中含一个国内地名（省级或市级），当网民提交的检索词中不含地名，但网民所在地（以系统机制识别的 IP 地址为准）包含在上述地名辖区内时，该地名就会飘红。

（2）通配符

➢ 通配符的意义：通配符是创意的高级功能，它能帮助创意获得更多的飘红，形式为{默认关键词}。

- 通配符的作用：插入通配符的创意在展现时，将以触发的关键词替代通配符标志。
- 通配符的原理：通配符可以帮助企业在创意中插入关键词。插入通配符的创意在展现时，将以触发的关键词替代通配符标志，其原理如表 3.11 所示。

表 3.11 通配符

关 键 词	创　意	创意展示效果
哈密瓜	我喜欢吃	我喜欢吃哈密瓜
西瓜		我喜欢吃西瓜
火龙果		我喜欢吃火龙果

- 通配符的好处：增加创意飘红概率，吸引网民关注。增强网民搜索词、关键词和创意之间的相关性，达到更好的用户体验。
- 通配符数量：一条创意中通配符的数量控制在 8 个；标题或者描述中通配符的数量不超过 3 个。
- 通配符位置：标题>描述一>描述二；前置>后置。
- 默认关键词的选取：短字符关键词的推广单元，使用推广单元中字符最长关键词，包含多个最长关键词取字符最相同的那个；长字符关键词的推广单元，使用与推广单元中词意相近的核心词。

创意在撰写过程中还应注意以下方面。

（1）相关

- 关键词和创意的相关性：围绕关键词撰写创意。
- 关键词、创意和访问 URL 的相关性。

（2）通顺

- 撰写创意时，要注意语句通顺，表达清晰明了，避免词不达意。
- 要善于使用断句符，避免创意出现截断等情况，造成不通顺。

如表 3.12 所示为一些创意撰写手法。

表 3.12 撰写创意实例

创 意 类 型	学软件开发
新闻式标题	｛学软件开发｝选***0 基础入学
承诺式标题	{学软件开发}选***不足 5000 就业退学费
问题式标题	{学软件开发}有前途吗？毕业月薪 4000 起
夸耀式标题	{学软件开发}到***学员就业最好
劝导式标题	到***{学软件开发}免费试听！
比喻式标题	{学软件开发}像学路一样，有好老师才会走得远和稳
幽默式标题	{学软件开发}到***微软也将变菜园
巧用成语式标题	{学软件开发}我的软件我做主
拟人式标题	{学软件开发}做软件就像生完孩子一样幸福
重复式标题	{学软件开发}到***好老师好前途

续表

创意类型	学软件开发
双关语标题标题	{学软件开发}
历史悠久式标题	{学软件开发}到***2000年以来，就业率最高
证言式标题	{学软件开发}月薪过万***毕业学员证实
定位高贵式标题	{学软件开发}想当软件经理，才选择***
悬念式标题	{学软件开发}比掌握20个知识点

【经验分享】

并非飘红率越高创意质量就越高，在创意通顺、相关的前提下适当提高飘红率。

2. 创意展现形式

附加创意是对传统搜索推广样式的补充。如图3.41所示（本图仅供参考，以百度最新网站界面为准），通过使用附加创意，可以在原推广位/推广链接的创意描述下方，添加多种形式的推广信息（如蹊径、APP推广等），为商家提供更加全面而个性化的展示方式，并提高推广链接的点击率。

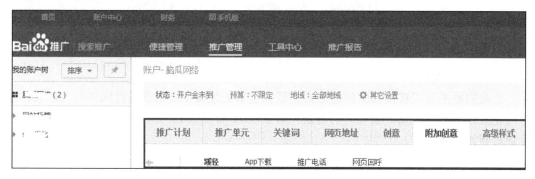

图 3.41 附加创意

（1）蹊径

百度蹊径是一种只针对左侧首位的百度推广样式，在普通百度推广内容中融入多条子链，是推广创意具备更多的信息表达功能。蹊径是由子链描述和链接组成，至少需要添加3条子链，最多可以设置5个，如图3.42所示（本图仅供参考，以百度最新网站界面为准）。

图 3.42 蹊径

【注意事项】
> 子链数量——多多益善。
> 子链长度——内容言简意赅,长度一致。
> 子链位置——主推的放置靠前位置。

(2) APP 推广

APP 推广是指一种通过手机应用推送、传播的移动应用推广方式,如图 3.43 所示(本图仅供参考,以百度最新网站界面为准),所传播的信息影响受众者的意识、态度以及行为从而形成营销结果。由于 APP 推广具有网络媒体的一切特征,能够随时随地接受信息、分享信息,所以它比互联网信息传播更具优势。

图 3.43 APP 推广

(3) 推广电话

企业的联系方式直接以图标的形式显现在搜索结果页上,无须通过网站即可使潜在顾客与企业建立对话关系,缩短营销链条,如图 3.44 和图 3.45 所示(本图仅供参考,以百度最新网站界面为准)。

图 3.44 移动端电话推广

图 3.45 计算机端电话推广

（4）商桥移动咨询

商桥移动咨询是一款商务沟通工具，访客无须安装任何软件，来到网站，点击咨询图标，一键建立沟通，如图 3.46 所示（本图仅供参考，以百度最新网站界面为准）。

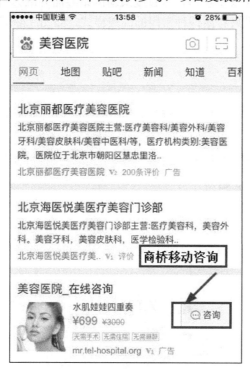

图 3.46　商桥移动咨询

（5）网页回呼

网页回呼会显示在计算机和移动设备上，通过电话回呼，提升用户沟通意愿并实现转化跟踪，如图 3.47 所示（本图仅供参考，以百度最新网站界面为准）。

图 3.47　PC 端网页回呼

> 适用对象：如果希望客户来电进行咨询，并且能深度追踪电话转化的相关数据，可以在广告中添加网页回呼。
> 投放设备：网页回呼会展现在全部设备上。

3. 高级样式

目前，高级样式包括凤巢图文、无线图文、网站头像、品牌华表和优惠页。按图 3.48 所示进入高级样式（本图仅供参考，以百度最新网站界面为准）。目前常用的有凤巢图文、网站头像、优惠页。这里只介绍两种常用的高级样式，如图 3.49 所示（本图仅供参考，以百度最新网站界面为准）。

图 3.48　高级样式的进入位置

图 3.49　高级样式

（1）凤巢图文

凤巢图文的前身是闪投图文，2014 年 3 月 24 日 PC 闪投图文升级并更名为凤巢图文，其展现样式如图 3.50 所示（本图仅供参考，以百度最新网站界面为准）。

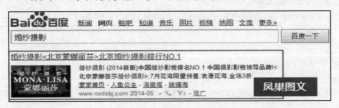

图 3.50　凤巢图文样式

（2）网站头像

网站头像是指在推广链接前端增加图标的一种新推广样式。该样式如图 3.51 所示（本图仅供参考，以百度最新网站界面为准），网站头像可以更好地满足网民的搜索体验，方便网民更快找到想要的推广结果，提高推广链接的点击率和转化率。

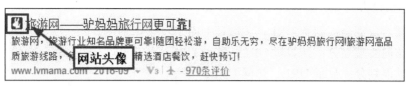

图 3.51　网站头像展现样式

展现网站头像，要求同时满足下列 4 个条件：
- 客户开通了网站头像且审核通过。
- 推广结果在左侧。
- 站点质量符合要求。
- 推广结果经后台机制判断，能满足用户体验。

3.9.5　移动出价比例

PC 和移动端共用一套创意进行推广，但两个平台对于同一个关键词需要不同的出价，所以需要移动出价比例来调控在移动端的出价。具体设定方式如图 3.52 所示（本图仅供参考，以百度最新网站界面为准）。

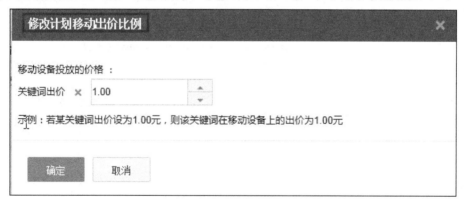

图 3.52　移动出价比例

【经验分享】
- 值为 0.1～10，在设定值时要考虑如果值过小，则移动端会出现搜索无效的情况。
- 如果值比较大，则最后出价高于 999.99 元，那么系统会以 999.99 元作为出价。

3.9.6　URL 设置

1. URL 的定义

URL（Uniform Resoure Locator，统一资源定位器）即通常所说的网址，表示在互联网上某个唯一的位置，如 sports.sina.com.cn/nba/。

2. URL 的分类

- 所属对象划分：创意 URL，关键词 URL。
- 从访问终端划分：计算机 URL，移动 URL。
- 从功能划分：显示 URL，访问 URL。

3. URL 的长度限制

URL 的字符长度是有明确规定的，如表 3.13 所示。

表 3.13 创意字符长度表

所属对象	访问 URL		显示 URL	
	PC 端	移动端	PC 端	移动端
关键词 URL	1017 字符	1017 字符		
创意 URL	1017 字符	1017 字符	36 字符	36 字符

4. URL 的设置

在创意中，URL 的设置如图 3.53 所示（本图仅供参考，以百度最新网站界面为准）。

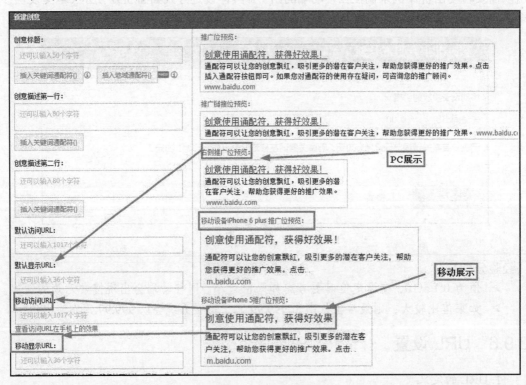

图 3.53 创意 URL

关键词 URL 的设置如图 3.54 所示（本图仅供参考，以百度最新网站界面为准）。

图 3.54 关键词 URL 设置

3.9.7 显示 URL 应用

1. 显示 URL

- 显示 URL 只能在推广创意中进行设置。
- 显示 URL 是网民能够看到的,显示在推广结果中的网址。
- 显示 URL 必须与主域名一致,支持多级域名。

2. 显示 URL 设置技巧

- 可将显示 URL 编辑为首选域形式。设置为首选域的形式简单易记、容易被网民熟知,有一定影响力的企业可提升名称曝光度,如图 3.55 所示(本图仅供参考,以百度最新网站界面为准)。

图 3.55 首选域形式

- 可将显示 URL 编辑为二级域名形式。添加引导性前缀,体现较高的页面相关度、公司专业度。所编辑的域名最好实际存在,否则会造成直接访问访客的流失,如图 3.56 所示(本图仅供参考,以百度最新网站界面为准)。

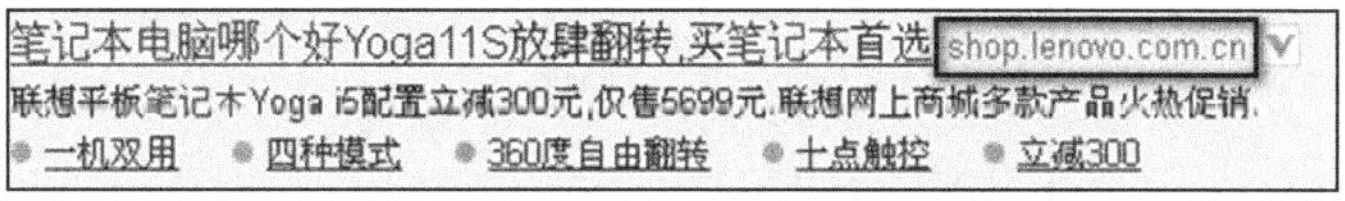

图 3.56 二级域名形式

3.10 账户设置与综合演练

账户的 4 大功能为设置推广地域、设置日限额、推广时段和 IP 排除。想要设置优质的账户，必须建立在清晰的设置账户结构、灵活的运用账户功能的基础上。

3.10.1 设置推广地域

为百度搜索推广账户和推广计划设置推广地域后，只有当该地域的用户搜索时，才会出现企业的推广结果。不同的推广计划可以面向不同的地域推广，从地理位置角度精准定位潜在客户。

选择的推广地域可以是地区（如华北地区），也可以是省份和直辖市（如湖北省、北京市）。如果希望面向全部潜在客户推广产品/业务，建议选择全部地域，如图3.57所示。

图3.57 账户推广地域

案例：

推广地域可以设置为全部地域、地区、省份、地级市，如图3.58所示（本图仅供参考，以百度最新网站界面为准）。所以推广计划的优先级为高级账户，例如账户地域设置为全部地域，但计划设置推广地域为北京，那么该计划采用计划地域，只在北京地区投放。

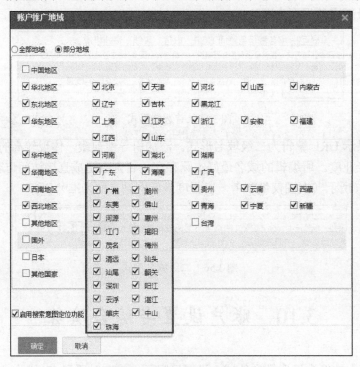

图3.58 账户推广地域设置

3.10.2 每日预算

1. 预算的定义

预算是企业设定的一定时间段内愿意付出的推广费用的最高值。在相应时间段内,当点击费用总额(消费)达到设定的预算值后,企业的推广结果就会自动下线,即网民搜索时不再展现推广结果。

2. 预算的作用

- 帮助企业控制搜索推广的整体消费情况,不用担心消费过度的问题。
- 帮助企业控制消费比例,做到重点业务重点推广,把钱花在刀刃上。

3. 预算的设置

- 可以在账户层级和计划层级设置。
- 可以设置每日预算和每周预算。

每日预算就是企业每天愿意支付的最高费用(不能低于 50 元),每周预算就是企业每周愿意支付的最高费用(不能低于 388 元),否则很可能因访问数量过少而无法发挥推广效果,如图 3.59 和图 3.60 所示(本图仅供参考,以百度最新网站界面为准)。

图 3.59 账户预算

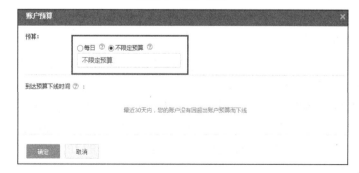

图 3.60 不限定预算

3.10.3 设置推广时段

1. 推广时段管理

企业可以为推广计划设置暂停。在暂停期间，指定范围内的推广结果将不再展现在用户面前。此时，推广计划状态将显示为"处于暂停时段"。

2. 推广时段的作用

用好推广时段管理功能，将非常有助于提高推广效率，优化推广效果。例如，公司上班时间是 8:30—17:30，其余时段是没有网站接待人员，这时就可以把推广时段设置成与上班时间一致，以节省推广费用。

3. 推广时段设置

对推广计划的设置方法如图 3.61 所示（本图仅供参考，以百度最新网站界面为准）。

图 3.61 时段设置

3.10.4 IP 排除

1. IP 排除的含义

企业可以将指定的 IP 地址段排除在推广展现范围外，即来自这些 IP 地址段的网民将无法在百度搜索推广结果中看到企业的推广结果。

2. 账户 IP 排除设置

想要对搜索推广进行设置修改时，在搜索推广里面找到搜索推广管理，一系列的修改操作都是在如图 3.62 所示界面中设置。

在该界面中可以看到有很多的工具都是可以在辅助账户推广中使用；现在所要做的就是在该界面里面选择"商盾"，然后直接单击进入如图 3.63 所示界面，就可以使用屏蔽 IP 设置。分为两种：一种是通过系统设置来自动屏蔽重复点击的 IP，另一种就是通过手动设置来屏蔽 IP，如图 3.64 所示。

图 3.62 搜索推广　　　　　　　　图 3.63 商盾

图 3.64 屏蔽 IP 设置

如果想手动设置屏蔽 IP，那么就选择"手动展现屏蔽"选项卡，然后单击"新增 IP 屏蔽"按钮，把要屏蔽的 IP 添加到打开的界面中，即可屏蔽该 IP 的收费点击推广，如图 3.65 所示。

图 3.65 手动屏蔽

本 章 总 结

本章主要讲解了以下内容：
➢ 学会如何搭建优质账户。
➢ 知道怎样为一个企业确定核心关键词，并根据核心关键词来进行相关关键词的扩展，以及根据不同的需求来进行筛选。

- 学会对关键词进行分组，分组时遵循"语义相近、结构相同"的原则，给出的5种分组方法最好是组合使用。分组之后可以使用批量添加的方式完成，快捷方便。
- 学会为关键词设置初始价格的方法，也要学会怎样优化关键词出价。设置关键词匹配方式。
- 创意的概念和组成元素：包含标题、描述、URL 3要素。
- 学会账户IP排除设置。

本 章 作 业

1. 搭建百度账户结构并优化结构。
2. 寻找账户关键词和扩展关键词。
3. 对关键词进行分组添加及优化匹配方式。
4. 撰写账户创意。

百度网盟推广

本章简介

本章主要介绍百度网盟推广，包括运行机制、媒体资源、定向技术、展现形式、收费模式及其他有关网盟的基本信息。

随着互联网受众碎片化时代的到来，顾客获取信息的渠道呈现多样化的趋势，集中在某个媒体上的注意力持续时间缩短，对媒体的忠诚度大大下降，企业与消费者之间就像玩一场捉迷藏的游戏。在复杂的互联网环境下如何寻找到企业的目标受众，成为越来越多的企业遇到的难题。网盟推广就是在这种互联网背景下诞生的，它是搜索引擎营销的补充和延伸，突破了在顾客搜索行为中的影响范围，同时在用户浏览行为中全面影响目标受众。

本章任务

了解网盟的优势、价值，如何搭建网盟账户结构，网盟推广投放及定向。

本章目标

- ➢ 掌握网盟的含义、特点和种类。
- ➢ 掌握网盟的优势，学会搭建简单的百度网盟账户结构。
- ➢ 掌握网盟的4大定向方式、排除方式、数据报告生成方式。

预习作业

请阅读本章内容，完成以下简答题：
1. 百度网盟推广的优势和价值。

2. 百度网盟的创意构成。
3. 百度网盟的定向方式。

4.1 网盟推广

4.1.1 网盟推广概述

1. 含义

网盟就是网站的广告联盟,是精准投放广告的一种。例如,百度的网盟推广、淘宝联盟、谷歌广告网盟等都是国内比较常见的网盟广告。

2. 展现形式

网盟的展现形式主要有文字、图片和 Flash 3 种。

3. 计费模式

- CPC 付费模式,如百度网盟。
- CPS 付费模式,如淘宝联盟。
- CPM 付费模式,按展示量付费。

4.1.2 网盟推广的优势

1. 百度网盟

百度网盟是以网站为推广平台,通过多种定向方式锁定目标人群,将推广信息展现在目标人群浏览的页面。其特点主要如下:

- 拥有 60 万家优质联盟网站。
- 细致分析网民的搜索浏览行为。
- 采用百度特有的定向技术。
- 目标受众浏览百度联盟站点展现推广信息。

2. 网盟推广的优势

(1) 海量优质的媒体资源

网盟目前能够覆盖超过 95%的中国网民,每日约有 80 亿次的展现机会。

网盟推广的优质站点十分庞大,覆盖了近 25 个一级行业代表性的网站,加盟合作网站累计超过 60 万家,尽管网盟站点不断变化,有网站进入也有网站退出,但凡是能进来的,都是通过百度审核的优质网站,所以网站质量是有保证的。

(2) 精准的受众定向技术

在现实世界中,只有在了解了某个人的很多生平事迹,同时加之理性的分析和推导之后,才能够比较准确地把握这个人的喜好。互联网世界也是如此,一个系统只有在具有足够的用户行为数据和必要的技术的前提下,才能提供优质的精准营销服务;否则,往往是概念多于实质。网盟推广能够实现对企业的目标受众精准的定向就是依托于百度庞大的网民行为数据库及精准的受众定向技术。

(3) 丰富多样的创意形式

网盟推广能将企业的推广信息以图片、图文、Flash、文字等方式展现在目标人群浏览的网页中,兼容搜索推广创意风格的文字和多达 19 个尺寸的图片。Flash 创意都能生动地诠释企业推广信息,并强烈吸引网民的目光。目前,网盟推广的创意展现形式上要以固定、悬浮、贴片 3 大展现形式为主。

(4) 有效的成本控制

企业投放网盟需要很大的资金投入吗?与媒体按照版面大小、投放频率等付费方式相比,百度网盟推广为企业提供了一种最经济的付费方式——CPC 计费,只有当企业的推广信息被感兴趣的潜在客户点击后才付费。如果客户没有点击这个广告,那么很多的网站都是免费给企业做广告了。

4.1.3 网盟的营销价值和特点

1. 营销价值

广告就是无处不见、不见还想的东西,当企业的广告在正确的时间、正确的地点展现给目标人群时,产生的就是实实在在的经济价值。

网盟推广在企业的不同营销阶段能够发挥不同的作用,当企业处在生存期时,能够帮助企业带来更多的访问流量,甚至有可能直接转化成订单,同时能提高企业品牌的知名度。随着互联网时代的发展,消费者的购买行为方式发生了重大的改变,人们已经习惯了网络看新闻、网络看视频,甚至网络购物。特别是有企业想做主题营销活动,通过网盟的渠道可以短时间内让更多的人了解到活动内容。

搜索推广虽然能够帮助站长带来非常好的营销效果,却无法在消费者各个行为阶段影响受比,如消费者的行动环节。而网盟推广则延伸和补充了搜索推广的影响范围,在消费者的各个行为阶段来影响受众的决策,网盟可以通过广泛的曝光来吸引目标受众群体。当推广信息对目标受众的展现频次达到一定的次数后,会激发受众的兴趣与购买意愿;当受众发生搜索、浏览产品信息或者到访网站询盘时,会在网络行为中再次施加影响,最后达成促进消费的营销目的。

2. 网盟的特点

(1) 网盟推广的特点

➢ 多家优质网站为平台。
➢ 多种定向方式锁定目标人群。
➢ 提升客户的销售额和品牌知名度。

(2) 网盟的优势

➢ 目标人群定向,有效点击付费。
➢ 网盟单次点击成本相对较低。
➢ 拓展渠道宽广。
➢ 数据真实可查。

(3) 网盟的弊端

➢ 随着网盟崛起,宣传内容方面监管力度和公信度不足。

➢ 网盟推广过多影响用户体验。
➢ 网盟易造成恶意点击。

4.1.4 网盟的种类

目前，国内常用的网盟主要有百度网盟、谷歌广告网盟、腾讯腾果、搜狗网盟、盘石网盟和淘宝网盟。

1. 百度网盟

百度网盟隶属于百度公司，拥有超过 60 万家优质网站，用户群覆盖 95%的中国网民。百度网盟的产品优势主要是其基于搜索引擎的定向技术，主要是兴趣定向、关键词定向、到访定向和地域定向。

2. 谷歌广告网盟

谷歌广告网盟隶属于谷歌公司，谷歌是全球最大的搜索引擎，其优质网站超过 200 万家。谷歌广告网盟的优势主要在于广告投放较人性化。

3. 腾讯腾果

腾讯腾果隶属于腾讯公司，收录了 95%以上腾讯图形广告资源，包含了腾讯 IM、新闻、财经、QQ 空间等 40 余条产品线的广告资源。

4. 搜狗网盟

搜狗网盟隶属于搜狐公司，其产品优势主要体现在用户体验好，推广内容以推荐的方式给用户，减少了用户对推广的反感，提升了网站用户体验。

5. 盘石网盟

盘石网盟隶属于盘石公司，其产品优势体现在性价比高，按效果付费。广告单次播放不到 1 分钱，超划算。另外，盘石网盟拥有全球 40 万家优质合作网站，涵盖全部 115 个细分行业盘石网盟广告支持文字、图片、Flash、视频、富媒体等几十种广告产品。

6. 淘宝网盟

淘宝网盟隶属于阿里巴巴集团，其产品优势体现在内容丰富真实，有购买引导性。

4.2 网盟的注册与账户搭建

4.2.1 搭建账户

企业需要先开通网盟推广账户。如果企业已经是百度推广用户，无须开通，可直接使用网盟推广。请登录百度推广系统，进入首页，单击"网盟推广"模块的"进入"按钮即可进入。如果企业还不是百度搜索推广用户，需要先注册开通百度推广账户，待企业的百度推广账户正常生效后，即可登录企业的网盟推广账户进行投放，如图 4.1 所示。

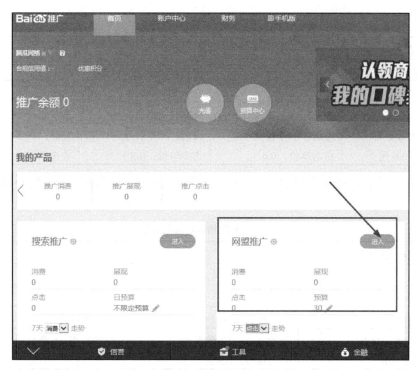

图 4.1　网盟推广入口

4.2.2　百度网盟的结构

采用百度网盟进行推广，要想取得优质效果，需从合理的账户结构开始。

1. 搭建百度网盟账户结构的步骤

（1）注册成为百度推广账户。

（2）确定网盟账户结构。

（3）选择与制作网盟物料。

（4）网盟进行推广。

2. 百度网盟账户结构划分思路

（1）按产品搭建合理的账户结构，如表 4.1 所示，按照产品不同划分计划和推广组。

表 4.1　按产品搭建账户结构

账户：某化妆品类广告主			
推广计划：彩妆香水		推广计划：洁肤护肤	
日预算：300 元		日预算：500 元	
推广组：彩妆	推广组：香水	推广组：护肤	推广组：洁肤
投放：10 个行业	投放：8 个行业	投放：12 个行业	投放：12 个行业
点击单价：0.3 元	点击单价：0.3 元	点击单价：0.6 元	点击单价：0.6 元

（2）按网站搭建合理的账户结构，如表 4.2 所示，按照网站不同划分推广计划和推广组。

表 4.2　按网站搭建账户结构

账户：某减肥广告主			
推广计划：图片计划		推广计划：文字计划	
日预算：400 元		日预算：400 元	
推广组：女性时尚	推广组：休闲	推广组：影音娱乐	推广组：文学
投放：一个行业	投放：一个行业	投放：一个行业	投放：一个行业
点击单价：0.6 元	点击单价：0.6 元	点击单价：0.3 元	点击单价：0.3 元

（3）按推广物料搭建合理的账户结构，如表 4.3 所示，按照推广物料的不同划分计划和推广组。

表 4.3　按推广物料搭建账户结构

账户：某医疗健康广告主		
推广计划：文字计划	推广计划：图片/Flash 计划	
日预算：300 元	日预算：500 元	
推广组：文字	推广组：图片	推广组：Flash
投放站点：15 个行业	投放站点：10 个行业	投放站点：5 个行业
点击单价：0.3 元	点击单价：0.6 元	点击单价：0.7 元

（4）按地域搭建合理的账户结构，如表 4.4 所示，按照地域不同划分计划和推广组。

表 4.4　按地域搭建账户结构

账户：某 B2B 广告主		
推广计划：重点地区		推广计划：其他地区
日预算：500 元		日预算：300 元
推广组：本市	推广组：本省	推广组：周边地区
投放站点：5 个行业	投放站点：10 个行业	投放站点：20 个行业
投放地域：杭州市	投放地域：浙江省	投放地域：上海市、江苏省
点击单价：0.7 元	点击单价：0.5 元	点击单价：0.3 元

（5）多维度组合搭建合理的账户结构，如表 4.5 所示，网站、推广物料等组合划分计划和推广组。

表 4.5　多维度组合搭建账户结构

账户：某在线商城广告主			
推广计划：化妆品		推广计划：护肤	
日预算：800 元		日预算：600 元	
推广组：时尚女性图片	推广组：时尚女性文字	推广组：音乐影视图片	推广组：音乐影视文字
投放站点：一个行业	投放站点：一个行业	投放站点：一个行业	投放站点：一个行业
点击单价：0.7 元	点击单价：0.4 元	点击单价：0.6 元	点击单价：0.3 元

【经验分享】

在百度网盟中划分计划和推广组时，并不局限于上文提到的 5 种划分思路，具体划分时以便于管理账户为前提即可。

3. 网盟账户的搭建

完整的账户创建流程由 3 步组成：创建推广计划→创建推广组→上传创意物料。创建完成之后，推广计划才能正常投放。但允许中途断开新建流程，即可创建空的推广计划或推广组，待补充完整信息后再开始投放。如图 4.2 所示为一个完整的网盟推广计划。

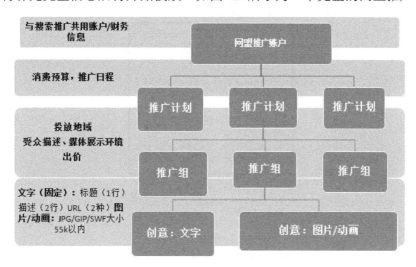

图 4.2　百度账户结构

（1）创建推广计划

设置推广计划名称和每日预算，如图 4.3 所示为新建推广计划入口。

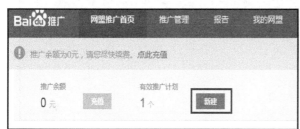 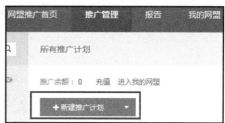

图 4.3　建立推广计划

（2）创建推广组

新建推广组，如图 4.4 所示，设置推广组名称、点击价格、投放设置（网盟以"推广组"为单位设定出价）。在推广组下，可对投放地域、兴趣点、特定行为及媒体展示环境进行设置，并需要为推广组进行出价设置。此外，同一推广组中支持选择固定/悬浮/贴片中的一个或多个创意展现形式。如图 4.5 所示为设置推广组。

图 4.4 新建推广组

图 4.5 设置推广组

（3）上传创意物料

添加创意图片时，可使用本地上传、从媒体库上传或前往创意专家上传，如图 4.6 所示。

图 4.6 上传创意物料

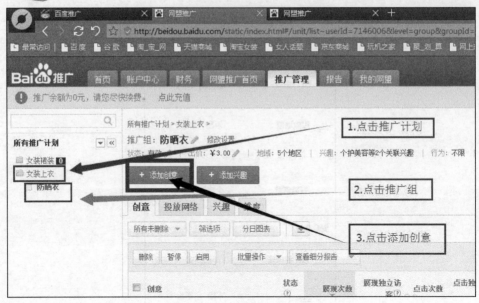

图 4.6 上传创意物料（续）

4.2.3 百度网盟创意的制作

百度网盟的创意展现形式一般有固定、悬浮和贴片 3 种形式，其中固定形式一般会包含文字、图片和 Flash 这 3 种物料，悬浮形式和贴片形式一般包含图片和 Flash 两种物料。百度网盟的创意中不同的形式（如文字、图片物料）有不同的制作要求。

1. 固定形式物料制作要求

（1）文字：分为一行标题、两行描述、点击链接和显示链接。

➢ 标题：不超过 14 个汉字或 28 个字符。

➢ 描述 1：不超过 20 个汉字或 40 个字符，最少为 8 个字符。

➢ 描述 2：不超过 20 个汉字或 40 个字符，最少为 8 个字符。

➢ 点击链接：不超过 1024 个字符。

➢ 显示连接：不超过 35 个字符。

（2）图片和 Flash：格式为 JPG/GIF/SWF，大小在 55KB 以内。

（3）物料尺寸。

➢ 横幅尺寸（以像素为单位）：468×60、728×90、1024×60、960×90、960×60、760×75、760×60、640×60、460×60、580×90、760×90。

➢ 矩形尺寸（以像素为单位）：250×250、200×200、336×280、300×250、360×300。

➢ 竖幅尺寸（以像素为单位）：120×600、160×600。

2. 悬浮形式物料制作要求

（1）图片和 Flash：格式为 JPG/GIF/SWF，大小 55KB 以内。

（2）物料尺寸。

- 侧栏尺寸（以像素为单位）：120×270。
- 按钮尺寸（以像素为单位）：100×100、120×120。
- 视窗尺寸（以像素为单位）：300×250、250×200。

4.2.4 百度网盟创意的上传

百度网盟创意有图片创意和文字创意两种。

1. 图片创意

图片创意有以下 3 种方式可供选择。
- 从其他推广组导入创意。
- 从本地选择图片，然后上传。
- 使用创意专家制作再从多媒体库上传。

2. 文字创意

文字创意有纯文字创意和图文结合创意两种形式。

（1）添加纯文字创意，可参考搜索推广创意撰写方式。

（2）图文结合创意，有以下两种方式可供选择。
- 从本地选择图片，然后上传。
- 从图标库选择在线网络图片。

4.3 网盟推广投放及定向

4.3.1 网盟推广投放方案制定

网盟推广投放方案投放前的思考与准备工作主要有以下方面：
- 企业想要解决什么问题？在投放网盟之前，需要彻底了解企业希望通过网盟解决什么样的问题：是想为新建的品牌获取最大的曝光量，还是希望引导大量顾客进入活动页面，或者希望通过网盟推广获取咨询与订单转化等。只有清楚了解企业的营销目标，才能够有的放矢，选出最优的网盟策略，这也会直接影响到网盟投放的账户设置与优化方法。
- 企业主的目标受众是谁？了解企业的目标受众是开展所有网络营销活动之前需要思考的一个重要问题，这个问题会直接影响到在网盟账户中一系列的设置。在网盟投放时，一般将目标受众划分为如图 4.7 所示的 4 类人群。

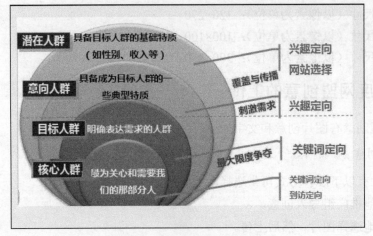

图 4.7 百度网盟受众分析图

（1）核心人群

搜索我的品牌、访问过我的网站，对于企业而言，这部分人群是需要最明确、最有可能购买产品的人群，是企业需要把握住的核心人群，通过搜索+网盟关键词定向，以及网盟到访定向，就可以轻松锁定这些人群。

（2）目标人群

搜索和浏览某品类的信息，如笔记本电脑，这部分人群对笔记本电脑感兴趣，至于是联想还是 DELL 还没有下定决心，正处在犹豫期。因此这部分人群是所有笔记本电脑企业都在角逐的目标用户，对这部分人群进行一定的刺激，才能使其下定决心。如我正想买电脑，在 DELL 和联想间犹豫，如果我上网不断看到 DELL 的打折促销信息，很可能就会直接购买 DELL 了。对于这部分人群企业应该主动争取与影响，网盟关键词定向能够帮助企业锁定这部分人群，主动争取他们。

（3）意向人群

长期关注某些行业的信息或品牌的人群，说明他们对这个行业感兴趣，有可能购买这类商品，是潜在购买人群。如一个网民经常搜索旅游攻略、浏览旅游相关的内容，说明他喜欢旅游，很有可能预订旅游产品。对于这部分人，企业能做的就是刺激他们的需求，把他的兴趣转化成现实的订单，或者至少也要做到当他有需要的时候，能够想到自己的品牌。网盟中选择相应兴趣点可以有效帮企业找到意向人群并进行针对性刺激。

（4）潜在人群

成为目标人群所普遍具备的自然属性，但还没明确表达出对产品或品牌的需求，如 25 岁以上的男性基本都是白酒的潜在人群。对这部分人群，酒家可以用网站定向或兴趣定向来进行品牌信息传递扩散，使得这些人在有需求时能第一时间想到的产品，并搜索你产品的相关信息（如剑南春），成为你的核心人群或目标人群。

4.3.2 推广投放流程

网盟推广是如何帮助企业完成订单的呢？

首先，企业通过百度推广账户来开通网盟，完成账户搭建与设置。通过审核之后，企业的推广信息就以固定、贴片、悬浮等展现形式出现在联盟网站上。当被网盟锁定的客户发现推广信息之后,便会进入企业网站进行相关的浏览、咨询或购物等行为。网盟对于客户的影响不是只有一次,企业主可以通过网盟长时间、持续地影响刺激目标受众,实现长期良好的推广效果。

4.3.3 推广目标设定

根据企业设定的营销目标来设定考核指标,是合理、优质投放的起点,也是后期关注、优化的方向。企业的预算有多少,不同营销目标所要考核的指标也有所不同。例如希望带来广泛曝光量的某汽车企业,考核的指标应该是以展现量为主;而希望促进产品销售的电商企业,考核的则是投资回报率、转化成本等。这些思考虽然看起来简单——当然是展现量越高越好、转化成本越低越好、投资回报率越高越好,但存在一个客观问题,就是网路营销中仍然存在激烈的竞争,网盟的流量虽然巨大,但不是要多少有多少,尤其具体到某个细分市场时。最常见的情况是,当众多企业提高网盟投入时,订单还是会越来越多,但投资回报率会逐渐降低。所以,设定合理的网盟考核指标是投放网盟前需要想清楚的,如图 4.8 所示为搜索营销漏斗。

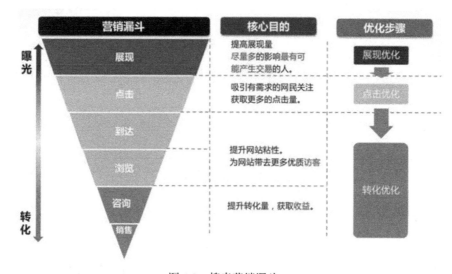

图 4.8 搜索营销漏斗

4.3.4 投放策略制定

网盟推广投放策略主要是依据企业希望锁定的人群及营销目标来拟定的。

如果企业希望通过网盟实现品牌广泛曝光,导入大批流量,则可考虑采用兴趣定向来吸引对其感兴趣的人群关注,有效传递品牌、产品或活动信息;也可通过全网投放获得海量的曝光量。例如,某汽车类企业近期准备举办新车的发布会,则可选择目标受众可能具备的兴趣点,如汽车、金融财经、社交、房产等来精准锁定目标人群,有效地获得海量曝光,同时为企业官方网站导入大量高质量访客。

如果企业希望通过网盟实现后期的咨询与转化,甚至产品的购买,企业需要锁定那些有明确购买需求及转化意向很高的核心人群和目标人群，建议采用关键词定向与到访定向策略。

其中，关键词体现了客户对信息的需求，可能涵盖了工作、生活的方方面面。企业可以将其中蕴含商业价值的字词挑选出来，作为关键词提交到网盟推广系统中。当企业不知道该如何设定网盟推广关键词时，可以直接复制搜索推广关键词来投放，或者使用网盟系统中的关键词推荐工具。由于不同的关键词能定位的客户数量不同，带来的潜在客户的商业价值不同，竞争激烈程度不同，建议企业能够充分利用网盟提供的各种统计报告，科学地衡量和评估关键词的推广效果，不断进行优化。

使用到访定向的前提是只有企业自身页面有充分的访问量，且对留住回头客有营销需求，均适合投放。采用这种定向技术需要安装代码追踪到访人群。首先需要使用系统中提供的人群设置工具设置人群，接下来获取代码并正确安装到网页中，最后设置推广组关联或排除相关人群。如果企业安装了百度统计，则无须安装网盟到访定向代码，只需通过页面 URL 定义目标人群，即可直接定义到访人群，如图 4.9 所示。

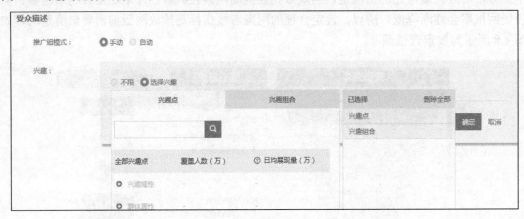

图 4.9　人群设置工具

4.3.5　精细投放

1. 预算

每日预算是企业每天愿意支付的最高推广费用。在当天的点击费用总额达到企业设定的预算值后，经一定的系统刷新时间，企业的推广结果会自动下线，网民浏览网盟站点时不再展现企业主的推广结果。

企业可以为网盟推广账户设置每日预算，或者为不同推广计划分配不同的预算，管控更加灵活科学。例如，某化妆品公司最近要隆重推出一款夏日防晒产品，并且有单独推广费用，如果不希望影响其他产品的预算，就可以给防晒产品建立一个独立的推广，并设置预算。例如，某在线旅游预订的企业，希望在冬季主推温泉度假、夏季主推避暑山庄旅游景点，则可建立以各旅游景点来划分的推广计划，并在各个推广计划中灵活调配整体预算。企业在推广过程中需要考虑自身的预算情况。如果企业预算较少，则重点投放核心人群和目标人群，以保证在一段时间内获取推广效果最大化；如果企业预算中等，则可优化保障核心人群和目标人群的投放，适度扩展意向人群；如果企业预算较为充裕，则应覆盖 4 类人群投放，以核心人群和目标人群为主体。总体思路是保证精准性的同时扩大覆盖人群量，预算分配也是如此，将钱优先分配在效果较好的推广计划上。那么如何判断企业的每日预算是否合理呢？可以通过计划下线时间是否过早或者消费是否足量来判断。例如，某企业为"核心人群"推广计划设置了 100 元的预算，"潜在人群"推广计划设置了 300 元的预算，结果中午 12 点之前"核心人群"计划下线而"潜在人群"计划正常展现，剩下的半天时间企业的购买意向较强的核心人群则无法看到企业的推广信息，推广效果肯定会大打折扣。这种情况说明企业的预算不合理，可考虑为"核心人群"推广计划新增预算，或将"潜在人群"推广计划部分预算转移至"核心人群"推广计划，以有效保证企业推广效果。

2．出价

出价是影响竞争力的重要因素，决定展现量的大小，可参考系统建议设定的原始出价，参考价格是根据当前企业的推广组设置给出的，包括投放地域、受众描述、媒体环境等，供企业出价参考，企业的实际出价可以高于或低于该参考价格。

网盟推广组出价的总体原则是：核心人群>目标人群>意向人群>潜在人群。

一般来说，锁定人群越精准，则出价越高，以获取更多的展现机会，赢得高效投放效果，后续投放过程中可以根据推广组的展现能力与转化效果灵活调整出价。

3．投放日程与时间

投放日程的选择，需要注意的是分析目标受众是否存在明显的时间段区分特征。例如，网页游戏，一般在下班之后是玩家的高峰期。那么在预算有限的情况下，则可以考虑将预算集中在网民较活跃或者后期转化效果较好的时段来投放。另一种情况是当产品或服务存在明显的周期性行为变化时，可以选择分期投放。例如，校园招聘的高峰期一般在 7~9 月，那么企业可以考虑集中在这几个月进行重点投放。

4.3.6　计费方式

网盟每日会形成海量的展现，那么对于企业来说，投入会很大吗？与传统媒体按照版面大小、投放频率等付费方式相比，百度网盟推广提供了一种最经济的付费方式，即 CPC（Cost-per-click）计费。只有当企业的推广信息被感兴趣的潜在客户点击后才付费，没有点击不付费，但在网盟网站上获得的海量展现是免费的。这里主要讲网盟推广的点击费用方式与搜索推广模式相似。按 CPC 计费的收费金额=点击价格×推广物料被点击次数。

点击价格不等于企业的出价。出价是企业愿意为一次点击所支付的最高推广费用，出价的大小会影响企业的创意的展现机会。点击价格是企业的创意被一次点击后实际支付的推广费用，点击价格的大小取决于企业和其他企业的出价和质量度。每次点击价格不会超过企业为推广组所设定的出价，每次点击价格通常会低于企业的出价。

企业的推广信息能否展现则主要取决于推广组的竞争力。竞争力受出价与创意物料的质量度的影响。同时，网盟推广还受到展现范围的限制与影响。

（1）点击价格会受到质量度的影响，创意的点击率是影响创意质量度的重要因素。

（2）网盟的展现还受到企业提词数量多少、关键词质量的好坏、兴趣点的选择是否准确、覆盖地域的大小等因素的影响，进而影响企业推广信息的展现机会。

4.3.7 创意撰写

好的创意设计，能迅速地抓住目标客户的眼球，激发其潜在需求，进而点击物料，进入企业网站浏览。所以在网盟推广的过程中要特别注意创意的制作，尤其是图片创意的制作。一般来说，高质量的创意设计应该遵循以下 5 个原则。

1. 主题要明确

无论是引导购买还是塑造品牌，每条创意必须有一个清晰明确的"目的"，这个"目的"就是"主题"。

例如：

想去黑头？又要保湿滋养？（点评：用一个双向选择来激发需求）

多复杂的肌肤问题，都让面膜来帮你。（点评：塑造产品专家的形象）

注册就送，点击注册。（点评：用点击就送来促成行动）

小女人挚爱面膜都在打折！（点评：用促销信息激发需求）

2. 结构要合理

在结构设计上要符合中国人"从左到右，从上到下"的浏览习惯；图文混排时，建议图片位于文字的左侧，如图 4.10 所示。

图 4.10　图文混排

3. 文字要精炼

一般标题不要超过 12 个字，文字内容简洁，要传达的内容高度匹配，如图 4.11 所示。

4. 图片要点题

图片内容需要和主题保持一致，并保证图片质量干净清晰，如图 4.12 所示。

图 4.11　内容匹配度　　　　　　　　图 4.12　图片点题

5. 颜色要有对比

颜色的选取需要能突出内容，背景往往可以营造一种氛围，但不能让背景喧宾夺主，抢了图片和文字的主体视觉，如图 4.13 所示。

图 4.13 颜色对比

4.3.8 了解百度网盟不同的人群定向方式

做推广,要先找准人!企业的潜在目标客户在哪里?与传统媒体的遍地撒网投放不同,我们可以循着网民在互联网上的行为轨迹,准确地找到他们。一句话,网盟推广的4种定向方式可以将企业的推广信息传达给对其感兴趣的受众群体,从而为企业赢得最有效的展示机会,让企业的推广有的放矢,这就是精准展示。

1. 基于受众的自然属性

地域定向是指企业的推广组投放的地域设置,设置地域定向后,企业的推广信息(物料)只会在所选择的地域里展现。例如,企业的业务只在上海和江浙地区,则可以只选相应的地域。地域定向可以定位更精准,不浪费推广费用。

网盟系统提供了一级/二级地域设置,企业不仅可以投放到省、直辖市,还可以进一步精确定位到省下面的地级市、直辖市下面的区,为企业的账户投放设置提供更为灵活和精准的选择,如图4.14所示。

图 4.14 受众的自然属性

2. 基于受众的长期兴趣爱好

企业一般会基于目标受众来进行媒体选择与投放,在网民行为碎片化的互联网时代,聚合受众成了影响目标受众十分关键的一步。网盟兴趣定向就将数亿的网民聚合成了一个个清晰的受众画像,如喜欢网购的年轻妈妈、热爱体育的大学生、酷爱运动的年轻男士等。具体到网盟系统中则是通过选择目标受众的年龄、性别、兴趣点等来实现,这种定向方式就叫作兴趣定向,如图4.15所示。

图 4.15 受众的兴趣爱好

目前，网盟可提供 19 个一级兴趣点的选择，同时也可选择"白领""学生""网购"等虚拟分类人群，网盟系统中的"兴趣组合工具"也可以帮助企业实现不同类别人群的组合。兴趣组合是若干个兴趣包的交集（同时满足各兴趣包的描述条件的 cookie），最多可建 3 个兴趣包。兴趣点列表如图 4.16 所示。

一级分类	二级分类	一级分类	二级分类	一级分类	二级分类
个护美容	护肤 洗护日用 彩妆 其他	游戏	大型客户端游戏 网页网游 手机平板游戏 其他	影视	网络影视剧 动画漫画 娱乐综艺 其他
汽车	高档汽车 中当汽车 入门汽车	教育培训	初级中级教育 学历于留学 MBA	体育	运动 健身 户外
金融财经	保险 投资理财 其他	阅读	网络小说 文化文学 书刊杂志	社交	社交网络 婚恋交友 休闲活动
食品餐饮	烹饪和菜谱 休闲食品	音乐	高雅 流行 乐器	旅游 服装饰品 母婴…	
数码	摄影摄像 电玩				

图 4.16 兴趣点列表

3. 基于受众的短期待定行为

关键词定向如图 4.17 所示。

搜索关键词　　　　　离开结果页或　　　　当浏览联盟网站时
　　　　　　　　　未点击信息　　　　展现与搜关键词匹配信息

图 4.17 关键词定向

每一个关键词背后都反映了网民的强烈需求，也是企业开展营销攻势的最好时机。网盟关键词定向是基于网民的搜索和浏览行为来锁定目标受众的。

基于搜索行为定向是指对在百度搜索过指定关键词的人，在其浏览企业指定的投放网站时展示推广信息。例如，某电商为其母婴产品设定了"母婴""幼儿护肤""婴儿奶粉"等关键词，当网民在百度上搜过这些关键词之后，系统则会锁定这些网民，当网民在浏览企业所指定的投放网站时展示推广信息。

基于浏览行为定向是指网盟系统会根据企业所指定的关键词，在联盟网站中分析匹配出与关键词内容最相关的网页进行推广信息展现。这里企业可以选择基于当前浏览页面内容展示推广信息，或者基于历史浏览页面内容来展示推广信息。例如，某化妆品企业为其美容护肤产品设定了"美容""化妆""护肤"等关键词，系统则会在所有与美容护肤相关的网页上展示该企业的推广信息，将对此内容感兴趣的目标客户"一网打尽"。推广信息与网页内容高度相关，那自然会被潜在目标客户所注意到。

搜索过某个指定的关键词或者浏览过相关页面内容，说明网民对此类产品有着浓厚的想了解的兴趣，把握网民的需求，在对的时机展示推广信息必将加大成交的可能性。同时，网盟系统也会提供关键词推荐工具，帮助企业更好地进行选择。

企业往往会花大量的金钱在广告宣传上，尤其是互联网或者传统媒体的投入更是惊人。但是当大量的网民涌入到企业网站时，点击购买的人却非常少，而忠诚的客户更是寥寥无几。如何挽回流失客户？如何再次影响来过网站的人？如何开展会员营销培养自己的忠实用户？这些问题都成为企业面临的重要挑战之一。网盟系统的到访定向则帮企业主解决了这一问题，到访定向包括两种方式：一是基于点击过搜索推广链接方式；二是指到访过特定页面方式，如图4.18所示。

图4.18　特定页面

点击过搜索推广链接方式是网盟推广在搜索推广基础上增加的一种功能，只要企业主做了百度搜索推广，并且关联到相关的推广计划，就可以快速实现。作为搜索推广的补充和延伸，这种定向方式影响的是和搜索推广同样的人群，也能获得同样精准的效果，在点击率、平均停留时长、转化等方面表现十分优异，如图4.19所示。

图4.19　精准效果

到访过特定页面方式是指针对曾经到访过企业网站某一页面的访客（如到达"购物车"页面），百度就可以通过联盟网站对这些人群再次推广企业信息，吸引这些更有购买意愿的优质客户重新"回头"访问网站，完成交易。比如想购买太阳镜的用户访问某个在线商店查看可供选择的各种太阳镜。该网站可以借助到访定向锁定这些用户，并在这些用户浏览其他联盟网站时向他们展示相关产品的推广信息。例如，该网站可以向他们展示一个为太阳镜特惠促销的信息。这样的推广信息可能会吸引用户重新返回网站购买太阳镜。同时，网盟系统将提供"人群设置工具"来帮助企业锁定指定人群,对指定人群进行持续、深度影响,提升推广效果。

企业的投放经验表明:到访定向是一个 ROI 极高的定向方式。只要企业自身页面有充足的访问量,且对留住回头客有营销需求,均适合投放。尤其适合电商、团购、在线预订、分类信息、金融服务、教育培训、网络招商、网络招聘等行业。

4. 媒体环境选择

企业有时候对推广信息所展示的媒体环境有一定的要求,那么网盟推广可实现企业选择不同该行业网站的需求。网盟将海量联盟网站划分为 25 个一级行业、115 个二级行业,企业便可以按照网站行业类型进行投放。例如,某化妆品客户的目标人群是 18~40 岁的女性群体,而这些目标女性群体通常会较多访问"女性时尚类""音乐影视类""小说类"等类型的网站。如果选择这些行业进行投放,就能影响到这些爱美的目标女性群体,影响到她们的购买决策,如图 4.20 所示。

图 4.20　购买决策

> 优选网站:如果企业主在某些网站上的效果表现十分好,也可以指定具体的网站,单独出价进行更有针对性的重点投放。
> 排除网站:如果企业发现在某些网站的投放效果不理想,或者基于自己的经验,觉得某类网站不适合,可以进行排除设置;设置后,企业的推广信息将不会在这些站点展示。

想了解联盟站点的详细信息,可通过网盟增值工具——网盟 123 来查询和选择网站。

4.4　网盟推广的数据监控

4.4.1　网盟数据监控方法

1. 网盟数据监控

企业投放网盟广告之后,数据监控是一个十分重要的环节,主要是为企业后期投放优化提供充分的指导依据。数据报告可以帮助企业实现数据的监督与把控,企业和个人可以在账户中定制这些数据:标准化每日报告、账户效果/推广计划效果/推广组效果/创意效果的分日/分周/分月报告,以及推广组/创意的分网站报告。在推广管理中,可以查看/下载这些报告:推广计划、推广组、创意、投放网络、兴趣、关键词报告,以及推广计划/推广组分日报告,创意分日/分网站报告。如果企业定义了转化,还能够看到分网站的转化次数数据。

企业还可以通过安装百度统计来进行数据监控。在百度统计中可以查看推广计划、推广组、创意、网站各个层次的统计数据。百度统计提供了几十种图形化报告,全程跟踪访问者的访问轨迹,并且帮助监控各种流量渠道推广效果,让企业及时了解网盟推广效果并优化推广方案。

2. 网盟优化方法

网盟的账户上线前期通常存在两种待优化的情况:一是展现量过低。按照营销漏斗原理,展现量是后续环节的有力保障,展现量越大,对应成单概率越大。为此,我们需要对展现量有一定保障。二是账户下线时间过早。在线时间越长,对目标网民的覆盖越广,能加强对网民的覆盖力度,有利于形成品牌影响,加大转化概率;如果下线时间过早,在已下线的时间段中,网民无法看到企业主推广信息,导致商机流失。为此,我们需要保证足够的在线时间,避免此类情况发生。

3. 展现量过低

首先,网盟的展现量主要决定因素是推广组的竞争力,而决定竞争力的因素包括出价和质量度。为此略微调高问题计划下各推广组出价,有利于快速提升展现情况。若展现不足的计划下的推广组出价与点击价格相差不足 5%,可适当提高此推广组出价。提高价格时以当前出价的 5%~10%为一个提价单位,逐步调整。

另外一个影响网盟展现量的因素是展现范围的大小。影响展现范围因素包括网站的选择、关键词数量、兴趣点选择等。例如选择了关键词定向,可适当增加提词,尤其是大展现量的词。筛选转化效果好、展现量高的短词,用关键词推荐工具进行扩词,优先选取展现机会大(搜索人数、日均展现量高)、竞争不激烈的长尾精确词。

其次,将展现量不足的计划的预算转移至展现能力较强的计划,可保障账户整体展现量的提升。

4. 账户下线时间过早

如果某计划在线时间不足投放时间段的 2/3,则需进行优化。具体优化方法可包含以下几种。

(1)提升预算:将展现不足的推广计划的预算转移至过早下线的推广计划,或对此部分重新追加预算。

(2)修改投放日程:若无法提升预算,可以考虑更改投放日程,根据所推广的产品特点,选择其目标人群的上网高峰期进行投放。

(3)降低出价:若推广组的出价高于系统平均出价的两倍以上,可以适当调低价格,以延长在线时间。降低时以当前出价的 5%~10%为一个降价单位,逐步调整。

最后,在实际投放过程中,往往需要对某些行业、网站、指向链接做单独操作。为此,网盟推广系统开发了分网站设置链接、IP 过滤及分行业、分网站出价功能,以此满足不同企业的个性化需求。

例如,在修改推广组的过程中,可以进行分网站点击链接设置和 IP 过滤设置。分网站点击链接是指针对不同的展现站点分别设置不同的点击 URL。IP 过滤规则是对已设置的 IP 地址不再展现推广信息,在同一 IP 多次到访且转化不理想的情况下进行 IP 过滤设置。

在投放网络界面,我们可以按照自选行业或者自选网站,对已投放的站点按行业进行有针对性的出价或者按站点有针对性出价。此方法适用于需要对某些特点行业或特定站点重点进行投放的情况。

4.4.2 网盟推广的优化工具

除网盟强大的操作平台外,网盟还提供了各种系统优化工具,辅助网盟营销推广的过程。

1. 网站选择工具

使用该工具,可从海量网盟站点中轻松挑选适合站点,为网盟投放提供选择指导。工具支持最多 3 种为筛选维度,全面满足用户各类营销需求,如果对于某网站有指定性的需求,则可以通过网址或网站名称搜索查询。

2. 历史操作查询工具

可查看相近的操作记录,有利于根据历史的操作情况分析账户变化原因,对照账户操作记录和网盟数据的变化,可以有效衡量优化操作对投放数据的影响,便于投放经验的总结和对数据变化的分析。

3. 下线时间查询工具

在网盟投放初期或针对新的网盟网站的投放期间,由于对流量的估计无法做到十分精确,经常会出现预算分配不合理的情况,导致推广无法按企业需求保证在线时长,下线时间查询工具可以很好地解决这一问题,帮助判断账户消费是否正常合理,是否由于预算问题导致推广展示不充分使潜在客户流失。

4. 创意预览工具

如果单从图片观察推广创意而脱离了网页的环境,往往不能看到最直观的推广创意展示效果,使用创意预览工具则可以看到推广创意在对应网站页面上的投放效果,创意真实展现情况一目了然,便于企业对创意制作及投放的把控。

5. 截图定制工具

轻松、及时掌握创意展现的真实场景,展现效果心中有数,该工具对于有制作相关报告需求的用户而言是十分实用的。

6. 转化跟踪工具

可以提供网盟的直接转化,间接转化相关数据,企业通过转化目标的位置即可获得推广转化的相关信息。这一工具对于效果类企业十分常用,是衡量投放效果的有效工具,转化数据也是推广数据分析的重要维度指标。

7. 受众组合工具

百度网盟能够实现多受众类型的跟踪展现,该工具能够快速实现常用人群的便捷复用,降低复杂账户的优化成本和维护成本,增加网盟账户的投放效率。

8. 复制推广组工具

在新建或优化过程中，当需要新建与其他推广组相同的推广组时，可以使用复制网盟推广工具，直接进行推广组复制，提高账户制作优化效率。

4.4.3 网盟推广增值工具

1. 网盟 123

网盟 123（http://wm123.baidu.com）是百度联盟海量站点资源的展示平台，也是进行媒体研究、站点资源推荐的工具。它不仅能提供网站各项核心数据和推广位详情，还能快速进行推广预览，提前了解展示效果，帮助企业全面了解网盟海量媒体资源，洞察媒体价值。其产品优势如下：

> 媒体资源覆盖广，一站式了解海量联盟站点如图 4.21 所示。网盟 123 将海量联盟站点资源按照类别细分 25 个一级行业。无论企业是否是网盟推广的客户，都可以从这里了解、认识网盟强大的媒体资源，轻松而便捷。

图 4.21　联盟站点

> 查询筛选功能强，让企业方便、精确挑出合适站点。多种筛选条件（网站类别、网站属性、媒体属性等）供企业选择，让企业随心所欲搭配出预想的方案，精准挑出符合需求的站点资源，省时省力，如图 4.22 所示。

全类别覆盖							
音乐影视	网络服务	电脑软硬件	医疗保健	房产家居	投资金融	小说	
休闲娱乐	博客	数码手机	女性时尚	汽车	垂直行业	人才招聘	
			社交网络	交通旅游	新闻媒体		
游戏	网址导航	教学考试	生活服务	体育运动	人文艺术	网络购物	

图 4.22　站点

个性化推荐,为企业推荐更贴合本行业的网站。"我的网站推荐"功能,帮助企业优选更贴合本行业的联盟站点,选站更加个性化,如图 4.23 所示。

机械设备		教育培训		医疗健康		商务服务		房地产	
建筑装修	电子电工	化工材料	广告包装	交通运输	农林牧渔	生活服务	生活用品	食品餐饮	节能环保
家用电器	安全安保	服装鞋帽	招商加盟	旅游票务	休闲娱乐	礼品饰品	软件游戏	网络服务	电脑硬件
金融服务	办公文教	广播通信	成人用品	图书音像	法律服务	化妆品	孕婴用品	铃声短信	彩票

图 4.23 个性化推荐

➤ 媒体资源数据全而深,让企业轻松了解媒体价值。各个站点的详情页提供了地域、性别、年龄、学历、主要兴趣点等近 20 项网站核心数据,帮助企业洞察网盟媒体价值。

➤ 展示效果预览快,让企业投放心中有数。网盟 123 内置的推广效果预览功能方便实用,让企业可以在正式投放之前查看广告创意在特定网站广告位的展示效果,提前看到推广展示效果,做到心中有数,所见即所得。

2. 百度创意专家

百度创意专家(又称多媒体创意制作工具)是百度网盟推广为有图片推广需求的用户量身打造的一款快速生成多媒体创意(图片/Flash)的在线工具系统。用户无须任何设计经验,只需选择任意精美模板,经过简单编辑,即可快速完成多媒体创意(图片/Flash)制作,若想打造独一无二的原创创意还可从空白开始直接设计。其产品优势如下:

➤ 完全免费,海量模板任你挑。对于所有用户,该产品可免费使用。专业的设计师团队,提供海量精美模板,为广大用户带来多元化的随心选择。

➤ 百度创意,你是专家。通过使用灵活多样的编辑功能,用户可任意更改模板中的样式(如背景、图片、颜色、动效等),产生无数变化,完全不必担心与他人雷同。选择直接设计入口,打造个性化原创作品,更具创意。

➤ 批量生成,多尺寸一次性搞定。只需简单编辑,即可生成横幅、竖幅、矩形共 18 种不同尺寸的创意,给用户带来最方便快捷的操作体验。

下面介绍其使用指南。

(1)选择模板

根据所需推广的企业或产品性质,在搜索框中输入对应关键词进行搜寻,也可选择相匹配的行业、主题,以类型、颜色为辅助项进行筛选,然后按照合适的排序方式浏览筛选出的模板,如图 4.24 所示。

图 4.24　选择模板

当遇到中意的模板时，可将鼠标移至模板缩略图处，点击浮层上的"制作"，此时弹出尺寸复选框（如果不确定需要什么尺寸，就默认全选），如图 4.25 所示。再单击"确定"按钮进入下一步。

图 4.25　制作

【提示】

在模板列表页，每个缩略图下方都有点击率、使用量，数值越高越好，它们可以帮助企业判定模板的优劣。

（2）个性化定制

在图文替换面板中，可将原有文字及图片替换成自己想要的，此操作具备全局性，即多个尺寸的模板中文字和图片将被批量替换，单击"确认并预览"按钮，可快速生成用户所需的个性化创意，如图 4.26 所示。

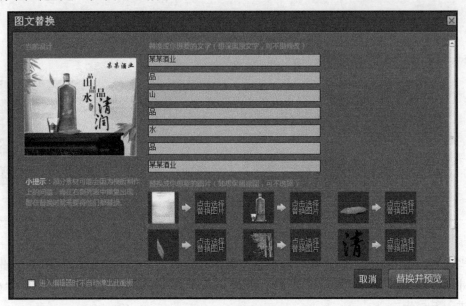

图 4.26　文字替换

【提示】

多样式文字需进入编辑器方可修改。

（3）创意编辑

编辑器中图层可以随意拖动，也可以对模板中的文字、图片进行移动、缩放等操作。同时为满足用户的需求，系统除了可以让用户自己添加素材外，还配有丰富的素材库，用户可以从素材库里选择合适的模板和动画效果，如图 4.27 所示。

图 4.27　创意编辑

不同分组也可单击下方的简体图进行切换，每个组的简体图还可以展开，展开后为该组所有模板尺寸简图，单一简图可以跳到单个尺寸进行编辑。

【提示】
单个尺寸添加的物料不会在整组中出现。

（4）预览及发布

在预览面板中，可以按不同类别逐个预览所有尺寸。当遇到效果不满意的尺寸时，可以点击该尺寸，单独进行编辑。完成调整之后在最后一步单击"发布/保存"按钮，如图 4.28 所示。

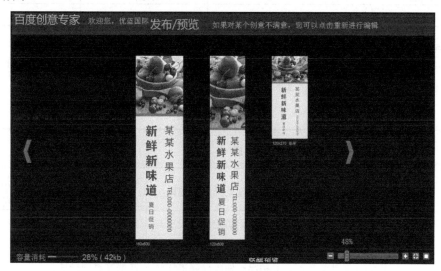

图 4.28　保存发布

在"发布/保存"对话框中，可以指定创意名称和输出格式，然后按需选择保存、下载甚至直接发布至推广组，如图 4.29 所示。

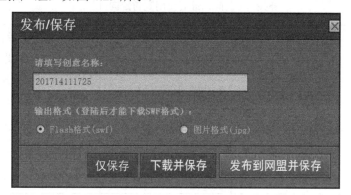

图 4.29　"发布/保存"对话框

案例：天津某妇科医院

【案例描述】
为挖掘潜在客户，天津某妇科医院账户决定投放百度网盟，使用不同的定向方式进行投放，如表 4.6 所示。

表 4.6 北京某妇科医院网盟账户

推广计划	预算划分（元）	定向方式	架构
重点关键词	150	关键词定向	效果-综合
挑选投放	150	到访定向	效果-直投
四维彩超	30	兴趣定向	效果-重点项目补投
人流	130	到访定向	
妇博 4 月	120	到访定向	活动
真爱-品牌	90	到访定向	品牌
直接对话	150	到访定向	测试

【案例分析】

通过分析某妇科医院账户，是以多维组合划分推广计划，按照产品的重要性划分预算，继而选择不同的定向方式，如表 4.7 所示。

表 4.7 思路分析

推广计划	预算划分(元)	定向方式	架构	操作方法	思路分析
重点关键词	150	关键词定向	效果-综合	导入搜索推广关键词	将客户的意向群体全部囊括，将转化价值最高的部分群体全部覆盖
挑选投放	150	到访定向	效果-直投	利用到访定向，投放与客户业务最核心相关的站点，如医疗健康行业	行业类站点聚集了很多潜在需求群体，为此，可以独立建计划覆盖此部分意向群体
四维彩超	30	兴趣定向	效果-重点项目补投	建议优先使用兴趣定向，其次使用关键词定向，最后使用到访定向	将重点项目单独进行投放，增强覆盖密度，可有效覆盖更多有效人群
人流	130	到访定向			
妇博 4 月	120	到访定向	活动	优先建议使用到访定向和关键词定向	活动是为了让适合参加活动的人来参加活动，为此如何让更多的人知道活动信息是最为关键的点，所以如果客户有活动信息，可以单独建立相应计划，针对活动进行投放
真爱-品牌	90	到访定向	品牌	品牌类可以单独进行投放，建议使用贴片/悬浮/固定图片三种物料形式	单独建立品牌计划，可以有效避免品牌与效果类计划抢预算的情况
直接对话	150	到访定向	测试	将一些新投放方式戒策略单独新建计划	可方便操作管理和评估，同时避免了对其他计划的影响

本章总结

本章主要讲解了以下内容：
- ➢ 网盟的概念与种类：百度网盟占有市场份额最多。
- ➢ 百度网盟的优势与结构：搭建账户结构的步骤等。
- ➢ 百度网盟的定向方式：地域定向、关键词定向、兴趣定向与到访定向。
- ➢ 百度网盟的数据报告：标准化每日报告、账户效果报告、推广计划效果报告等。
- ➢ 百度网盟的系统工具：网盟 123 和百度创意专家。
- ➢ 百度网盟的优化方法：主要是从物料和账户两个角度进行优化。
- ➢ 百度网盟推广是对百度搜索推广的补充，其主要目的主要是挖掘潜在客户，提高品牌知名度。

本章作业

1. 什么是网盟？
2. 简述目前国内常用的网盟种类有哪些？
3. 百度网盟的优势是什么？
4. 简述百度网盟的 4 大定向方式，以及每种定向方式的原理。
5. 使用创意专家工具为自己的网站撰写一条文字创意和一条图片创意，要注意物料要求。

移动搜索推广

> **本章简介**

随着移动互联网的井喷式增长，选择使用无线搜索对信息进行查询的用户比例正在逐渐增长，无线搜索已经成为人们生活中重要的一部分。对于企业而言，这是在移动浪潮中的一次新的机会，但同样也存在诸多挑战。与传统搜索推广相比，设备端的差异决定了无线搜索推广的展现形式具有移动设备的独特性，使用传统搜索推广的思路未必会在无线搜索推广中取得理想的效果。同时在移动端可用于营销推广的产品线也在不断丰富，只有更好地理解产品，选择最适合的投放策略，才能在移动时代营销竞争中占得先机。

> **本章任务**

熟悉移动端推广含义；掌握移动搜索推广操作；了解移动网盟；熟练使用百度移动建站工具；掌握移动搜索推广优化方法。

> **本章目标**

- ➢ 掌握移动推广重要性。
- ➢ 了解移动端推广的含义。
- ➢ 了解移动端推广的展现样式。
- ➢ 掌握移动端优化技巧。

> **预习作业**

请阅读本章内容，完成以下简答题：

1. 什么是移动搜索推广及其重要性？
2. 移动端优化方法有哪些？

5.1 移动搜索推广概述

5.1.1 当前移动端趋势

截至 2015 年 6 月，我国手机用户规模达 5.94 亿，较 2014 年 12 月增加 3679 万人，其中使用手机上网的人群占比由 2014 年 12 月的 85%提升至 88.9%，通过台式电脑、笔记本电脑和平板电脑接入互联网的比例均有下降。随着手机端的大屏化和应用体验不断提升，手机作为网民主要上网终端的趋势进一步明显。2015 年上半年，手机支付、手机购物、手机旅行预订用户规模分别达到 2.76 亿、2.70 亿和 1.68 亿，半年增长率分别为 26.9%、14.5%和 25.0%。

5.1.2 移动搜索推广

1. 移动搜索推广展现样式

（1）基础样式

基础样式对手机兼容性要求不高，但是由于样式不新颖，对于浏览者形成的冲击力不大，如图 5.1 所示（本章所有图片均为参考图，以百度最新界面为准，不再赘述）。

图 5.1 移动搜索推广基础样式

(2）扩展样式

- 移动搜索 APP 推广：即在搜索结果页可直接单击按钮下载 APP 的一种样式。单击"立即下载"按钮：对于安卓终端，将直接下载；对于 IOS 终端，将跳转至 App store 下载，如图 5.2 所示。
- 无线闪投：是一种图文并茂的展现样式，分为无线图文、无线列表、无线图文列表加直航和无线文本列表加直航等样式。如图 5.3 所示展示了无线图文样式。

图 5.2　移动搜索 APP　　　　图 5.3　无线闪投

- 无线蹊径：是一种新颖的附加样式，仅在首位时展现，在显示结果的下方以多条子链的形式存在，子链将网民需求前置，直达需求页面，到达率更高，更多的访问入口，转化效果好。条数在 1～4 条之间，总共可以写 16 个汉字，32 个字符，如图 5.4 所示。

(3）转化样式

- 移动搜索电话推广：是一种新型的附加样式，这样的设置符合手机用户快速沟通的需求，并且可以降低对无线网站的依赖（部分无线站功能单一，不具备转化能力），缩短营销链条。如图 5.5 所示为移动搜索推广展现样式，其中第二条推广结果是移动搜索电话推广的强样式，也称为无线直航电话，是移动搜索电话推广正常展现样式。

图 5.4 无线蹊径

图 5.5 移动搜索电话推广展现样式

- 无线回呼:是一种新型的附加样式,如图 5.6 所示,是以"免费咨询"字样出现,可以帮助企业潜在客户节省话费,同时还具备话单、漏电统计、录音等增值功能,更好地帮助企业对潜在客户的消费行为进行分析。
- 移动商桥咨询:是一种新型附加样式,如图 5.7 所示。这种展现样式可以吸引浏览者,增加信赖感,同时可以直接与潜在客户进行商谈,提高客户的满意度。

图 5.6 无线回呼展现样式

图 5.7 移动商桥咨询展现样式

【注意事项】
- 基础样式和扩展样式都是按点击收费的。
- 不同类型的企业对于推广样式的需求不一样,要根据实际推广需求来选择合适的推广样式。

2. 移动端搜索推广后台
- PC 和移动端共用同一套创意。移动搜索推广与 PC 端搜索推广共用同样的计划、单元、关键词,通过选择投放设备、出价比例来调控移动端和 PC 段之间的平衡。一套创意,多屏展现。

➢ 移动出价——通过"移动出价比例"进行调整。移动出价比例是指对企业的关键词出价设置一个参数，关键词出价乘以该参数以后的值，将会作为投放在移动设备上的出价。这个参数的设置范围为 0.10～10.00，最小调整单位为 0.1。移动出价比例设置界面如图 5.8 所示。

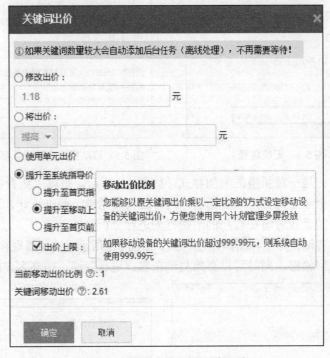

图 5.8　移动出价比例设置界面

➢ 双质量度——分屏显示质量度不同。质量度是搜索推广中的评价关键词质量的综合性指标，在账户中以五星十分的方式呈现。在整合型投放系统中，一个关键词具有计算机质量度和移动质量度两个质量度：一是方便广告主查看关键词在不同的终端上质量度的情况，二是因为同一个关键词在 PC 端和移动端设置的出价、访问URL 等都不相同，所以会产生不同的质量度，如图 5.9 所示。

图 5.9　双质量度

- 双 URL——达到最优投放效果。由于计算机和移动设备屏幕的不同，需要不同的目标页面进行投放，以获得更加优质的投放效果。用户需要针对不同的设备建立多套创意、关键词，以对应不同的投放页面，增加了用户账户的管理维护成本。双 URL 通过在创意和关键词方面添加两套不同的 URL，可以满足用户通过一套创意、一套关键词，解决多屏设备投放目标页面的需求。
- 双预览——分别给出在 PC 端和移动端的预览样式。整合型推广实况默认展现全部设备效果（计算机+移动设备），也可以人工分设备查看，确保创意在 PC 端和移动端都能达到最优的展现效果。

【经验分享】

- 移动出价比例是一把双刃剑，在设置移动出价比例时，要谨慎使用，过高或过低都不能达到最优的投放效果。
- 对于可读性不高的移动站，要扬长避短，使用好移动搜索电话推广、无线回呼、移动商桥咨询等样式，缩短营销链条，达到营销目的。

5.2 无线搜索 APP 推广

5.2.1 为什么做无线搜索 APP 推广

近年来，中国城市和农村智能手机的普及率大大提高，已从 2012 年的 33%上升至目前的 47%，近 50%的中国城市和农村居民已经拥有智能手机。其中，69%的用户每天都会使用智能手机访问互联网，这个比率要高于美国的智能手机用户。智能手机已经变得如此重要，以至于 60%的用户宁可放弃电视，也不愿意放弃智能手机，而在美国，只有 36%的用户愿意这样做。

事实证明，搜索引擎是 APP 分发的重要入口。据中国互联网络信息中心（CNNIC）日前发布的《2014 年中国网民搜索行为研究报告》显示，在手机 APP 的搜索渠道，60.8%的手机用户在过去半年内最常通过应用商店搜索 APP，同时有 53.4%的用户使用搜索引擎网站或搜索应用搜索 APP。搜索引擎作为应用分发的重要渠道，二者天然互补。得入口者得天下，作为应用分发市场老大，CNNIC 报告也再次证实了百度的独特竞争力和绝对话语权，如图 5.10 所示。

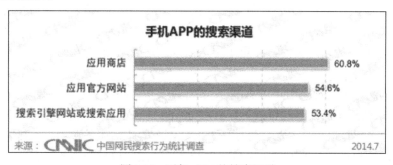

图 5.10 手机 APP 的搜索渠道

根据 CNNIC 数据显示，截至 2014 年 6 月，使用手机综合搜索引擎的用户中，在过去半年内使用过百度搜索的比例为 95.8%，在移动端占据绝对市场优势。此外，报告还显示百度分发平台（安卓市场、百度手机助手、91 手机助手）的使用率最高，如图 5.11 所示。

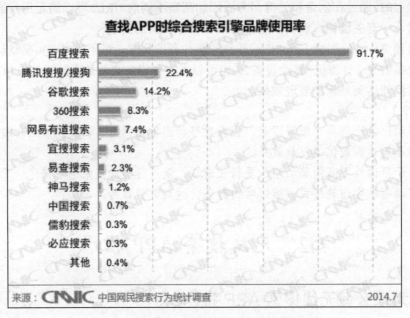

图 5.11　查找 APP 时综合搜索引擎品牌使用率

早在 2013 年收购 91 无线后，百度便率先将应用分发与搜索结合，提出独有的"应用商店+移动搜索"双核分发模式，同时满足头部应用和中长尾应用的分发需求，并为用户提供横跨 IOS 平台和安卓平台，覆盖 PC、移动终端等多样化的下载场景，通过广泛覆盖应用资源和精准匹配用户需求来提升分发效率。凭借独创的双核分发模式，百度分发平台的用户量快速提升，日均分发量的增长遥遥领先其他应用商店。截至 2014 年第二季度，百度分发平台用户量达 6 亿，日分发量已达 1.3 亿，相较半年前增长 60%。

不仅如此，百度也在基于对用户需求分析的基础上，通过 inApp（应用内容搜索）引领着行业发展趋势。据日前发布的《百度移动分发报告 2014H1》中，百度通过对海量用户行为的洞察指出，用户在查找 APP 的过程中，内容影响力的增长大幅度超过 APP 品牌影响力的增长，应用搜索内容化已经成为未来分发行业的大势所趋。

百度移动云事业部移动分发业务总监熊振曾指出，inApp 搜索将成为移动分发平台必备的核心能力。通过 inApp 搜索，百度分发平台能够索引/整合 APP 内容，将用户的需求精准对应到 APP 中的指定页面，缩短了用户需求满足的路径，也让 APP 更容易被下载和使用。

据悉，为满足手机搜索用户对 APP 搜索日益娱乐化的需求，在多媒体类 APP 与游戏类 APP 的需求搜索比例最高的背景下，百度 inApp 开放平台已经上线资源 12 大类，涵盖影视、音乐等多媒体应用，商品、母婴、旅游、汽车等生活服务应用。不排除百度分发平台会将 inApp 搜索将与百度阿拉丁平台深度结合，过渡到信息展现最富有效率的 inApp 搜索形态，扩展、深化用户对 APP 的认知，进一步提升分发效率，如图 5.12 所示。

图 5.12　扩展、深化认知

5.2.2　如何加入无线搜索 APP 推广

1. 如何设置 APP 推广

➢ "推广管理"下新增"附件创意"标签是进行 APP 推广的入口，如图 5.13 所示。

图 5.13　APP 入口

- 投放设备中选择投放"仅移动设备"或"全部设备"的计划可用于 APP 推广。
- 选择"仅移动设备"时，APP 推广仅展现在高端机上；选择"全部设备"时，APP 推广在 PC 和高端机上都会展示。

2. APP 推广操作流程图

APP 推广操作流程图如图 5.14 所示。

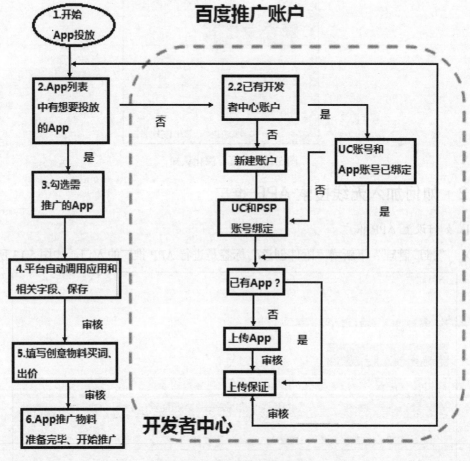

图 5.14 APP 推广操作流程

5.3 移动网盟推广

5.3.1 认识移动网盟

1. 移动网盟基础版的入口

移动网盟与 PC 网盟公用平台和物料，所以管理入口统一从百度推广入口（www2.baidu.com）登录，登录后选择"网盟推广"，如图 5.15 所示。

图 5.15 移动网盟基础入口

2. 移动网盟基础版的定向方式

基础版是和 PC 网盟共用物料,那么媒体定向、受众定向、执行定向不能改变,不能同一个计划投放两个地区。如果想对移动端单独投放,那么可以新建计划,选择进移动端投放。

- 设备定向:增加了选择手机或平板设备;操作系统版本。
- 媒体定向:同 PC 端投放设置,增加了移动流量。
- 受众定向:同 PC 端投放设置,可选择性别、兴趣、搜索关键词等。
- 执行定向:同 PC 端投放设置,可选择投放地域、推广时间段。

5.3.2 如何开展移动网盟推广

1. 在原有计划上进行推广

原有推广计划自动转为"所有功能"类型,同时投放移动流量和 PC 端流量,需设置针对移动流量的出价比例、移动创意、移动着陆页链接等内容。点击计划层级来修改计划设置,从而调控在移动端的推广,如图 5.16 所示。

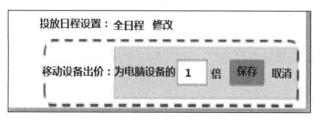

图 5.16 移动网盟基础版

2. 新建计划进行推广

如果在原有计划上通过调整移动设备出价比例不能达到推广需求的话，可以新建计划，然后选中"仅移动"单选按钮，那么这个计划就只在移动设备上投放，如图 5.17 所示。

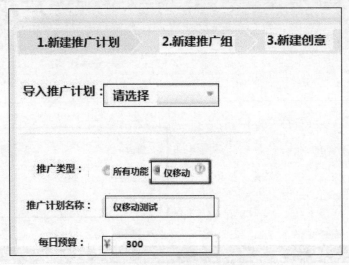

图 5.17 新建"仅移动"投放计划

5.4 百度移动建站

随着智能手机的不断发展，移动搜索的比例也不断增加，而传统的 PC 站点在手机端的用户体验度较差。传统 PC 站页面容量大，在手机端打开速度慢，屏幕小看不清楚内容，就容易流失大量的用户，并且百度移动搜索对结果的排序算法做调整优化，对更适合移动终端的结果进行鼓励，也就是说，如果你的网站有手机版，在移动版百度搜索中将获得更靠前的排名，否则将会靠后。所以做一个对应的移动站就理所当然。

建设移动站有两种方式：一是自建站，这种方式对于技术有一定的要求，并且需要一定的资金投入；二是利用建站工具快速生成移动站，前提是你有 PC 站，建站工具最常用的是百度的 Site App 建站工具、百度名片，以及百度最新推出的轻应用。本节只讲百度名片和 Site App 建站工具。

5.4.1 百度名片

1. 百度推广名片入口

直接登录网址 mobi.baidu.com 即可进入到"移动建站平台"。打开建站工具下拉菜单，点击百度名片即可开始搭建百度名片，如图 5.18 所示。

图 5.18 百度移动建站平台

2. 百度推广名片制作

推广名片制作大致分为以下 3 个步骤。

（1）选择名片模板

选择模板，这里依据自己产品或者是行业进行选择，名片名称填写相应的名称即可，这里以旅游类为例来制作，名片名称设置为 china 旅行社，如图 5.19 所示。

图 5.19 选择名片模板

(2)设置名片信息

选择类型和名片名称之后,单击"保存,下一步"按钮后开始设置名片信息,如图 5.20 所示。设置名片信息分为两部分,一部分是系统默认的默认项,另外一部分是可选项。如果想把自己的推广名片制作的功能更完善,可以把可选项也添加进来。默认项包括布局、Logo、PC 网站信息、公司介绍、商务组件和服务介绍,下面一一来讲解。

图 5.20　设置名片信息

➢ 布局:如果业务分类比较多,可以选择九宫格;如果想用重点篇幅介绍某个项目,可以选择内容式,这里选择长按钮模式。然后给推广名片选择主题颜色,结合自身行业、业务、产品等因素选择合适的主体颜色。网站导航和按钮风格保持默认即可,如图 5.21 所示。

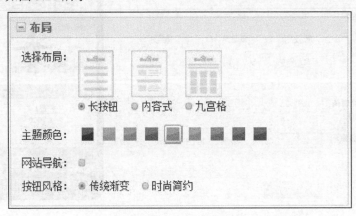

图 5.21　布局设置

- Logo：有图片和文字两种类型，多数情况下用户对于图片的喜好远高于文字信息，另外 Logo 上可以展示一些企业信息、企业名称、网址等信息，所以这里采用图片类型。图片可以是网络上的图片，网络上的图片需要给出网络路径来获取图片；也可以是本地图片，并且大小不能超过 8MB，格式要求为 JPG、PNG 或 GIF 类型，如图 5.22 所示。

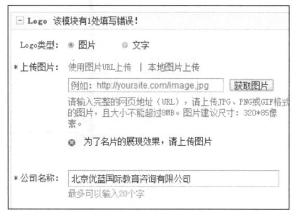

图 5.22 Logo 相关设置

- PC 网站信息：若购买的是免备案的域名和空间，此项可以不填写。一般国内的网站是有备案号的，如北京地区的网站备案号是京 IPC 备××××××××号，如图 5.23 所示。
- 公司介绍：根据自身公司的行业优势、领先地位、产品特色等，页面标题选择公司名称即可，公司简介一、二、三选取公司的几个点进行撰写即可。公司图片可以是产品图片、公司活动图片等，既可以使用 URL 上传，也可以使用本地图片上传，这里以旅游类的为例，如图 5.24 所示。

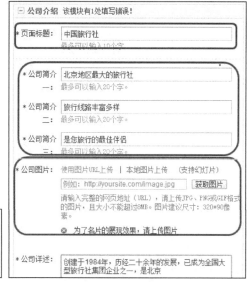

图 5.23 PC 网站信息　　　　　　　　图 5.24 公司介绍

➢ 商务组件：商务组件可以更好地吸引访客进行更深层次的访问，增大转化的概率。商务组件有电话咨询、在线沟通、短信咨询、查看地图、表单采集、分享组件和保存联系人 7 个组件，如图 5.25 所示。

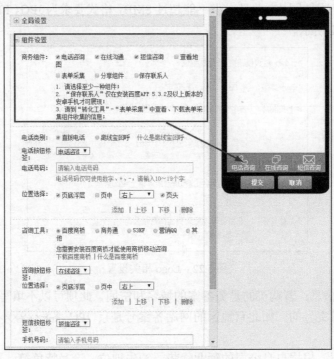

图 5.25　组件设置

➢ 服务介绍：在对应框中分别写入自己产品或者服务的名称、特色、图片信息等相关介绍。具体设置如图 5.26 所示。

图 5.26　服务介绍

（3）提交

到这里，默认项已经全部设置完毕了，单击"保存"和"提交"按钮，推广名片就搭建完毕了，如图 5.27 所示。

图 5.27　提交成功

5.4.2　Site App 建站工具

直接登录网址 mobi.baidu.com，即可开始 Site App 建站。Site App 建站一共分为以下 3 个步骤。

1. 添加站点

在如图 5.28 所示的对话框中输入想要转换成 Web App 的 PC 网站域名，提交站点即可。

图 5.28　输入需要转换的站点

2. 定制效果

（1）样式

样式主要是选择站点模板、导航样式以及站点主色调，如图 5.29 所示。

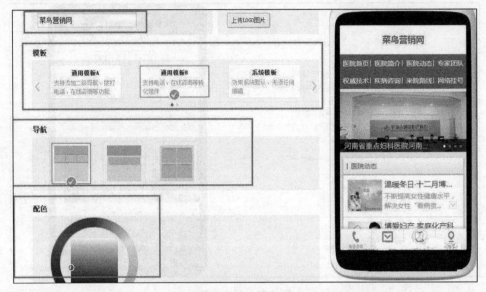

图 5.29　站点样式

（2）导航

定制导航，在输入了需要转换的 PC 站点域名，选择了站点样式之后，单击"下一步"按钮，就是定制导航页面，这时系统已经从 PC 站点上提取了网站导航栏目，另外还有手动添加导航和提取导航两种方式，如图 5.30 所示。

图 5.30　定制导航

（3）全局

全局组件设置，Site App 建站中的组件设置与百度名片中的组件设置是一样的，这里就不再赘述，如图 5.31 所示。

图 5.31　全局组件设置

3. 验证权限

验证权限的方式有两种：一种是文件验证，需要下载验证文件；另一种是 HTML 标签验证，需要复制代码到网站首页代码的<head>与</head>标签之间，点击验证，如图 5.32 所示，大家都有自己的域名、空间，可以按照这两种方式来验证权限。

图 5.32　验证权限

5.5　百度移动推广优化技巧

5.5.1　移动站点质量度优化

在百度推广中，对于移动站是有质量度等级的，分别是一星级、二星级、三星级，在

http://mobi.baidu.com 可以对网站进行站点质量度的测试。网民对于 PC 端的页面和移动端的页面要求是不一样的：首先在移动端，手机屏幕小，不能完整展现网站信息；其次是推广信息展现位置有限，资源稀缺。

1. 页面设计

- 页面适配手机屏幕。
- 站点采用扁平化结构。
- 使用清晰的导航组件。
- 页面单列布局，重要内容显示在首屏。
- 保证良好的可用性，页面内容无缺失，交互功能正常使用。
- 优秀交互方式，简化操作流程，提升使用体验。
- 保证广泛的兼容性，在主流操作系统、浏览器中均可正常展现。

2. 内容设置

- 一致性：着陆页内容与关键字、广告文字的相关性，保证广告与目标页面呼应、一致。
- 可信度：通过告知潜在客户公司名称、联系地址、客服电话等信息，能够有效地提升网站（公司）的可信度。
- 重要信息首屏显示：具体产品信息尽量出现在网页的第 1～2 屏，避免与用户玩寻宝游戏。
- 根据行业特性，放置针对性的内容。
  - 基础信息：公司介绍、产品/服务介绍。
  - 信任信息：荣誉资质、专家团队、案例。
  - 转化信息：电话、地址。
- 精简文字，处理好图片。
  - 精简文字量：PC 端内容一半左右。
  - 使用图片、幻灯片提升展示效果，并注意压缩图片尺寸。
  - 推荐用宽图片展示 Logo，正方形图片展示产品。

3. 优化页面性能

- 控制加载时间与网页大小。
  - 加载时间：单页面 5s 以内。
  - 网页大小：单页面 50KB 以内。
- 优化图片。
- 调整图片格式、大小。
- 优化 HTML。
- 减少嵌套等。
- 优化 JS。

5.5.2 移动搜索推广优化

1. 移动网站分网页进行投放

轻首页，重子页，详见案例。

2. 无线端优化创意

增加"电话"和"商桥咨询"。
- 通过手机搜索的客户都是比较着急购买的，其购买意愿较强烈。
- 需要尽可能多地优化创意，使潜在客户可以在不用进入网站的基础上了解产品。
- 由于推广设备是手机，直接拨打电话或者文字沟通更便利，所以附加创意中的电话和商桥一定要填写完整。

3. 单独建立移动推广计划
- 部分行业竞价非常激烈，仅调整移动出价比例抢占推广位不太现实，建议新建立推广计划，仅供移动推广。
- 新计划中，可以将关键词的出价降低，减少其在 PC 端的展现，并将移动出价比例调高至 8~10，使其竞争移动首页第一位的展现排名。

4. 数据分析

越来越多的移动端网民需求让更多企业做移动搜索推广。企业如果还用原来看待 PC 端的老眼光来看待移动搜索优化，那就真的落伍了！

1）展现量优化

（1）数据收集
- 展现量按从高到低排序，查看账户中展现量 TOP 20 的关键词，查看关注这些词的网民，是否为目标客户。
- 将搜索词报告导出（与消费数据时间周期保持一致）。
- 将点击率低于账户平均水平的关键词标注。

（2）问题诊断
- 找出业务不相关关键词。
- 查看搜索词报告中，网民关注度最高的词，是否加入账户。
- 标注排名低于 3 的关键词。

（3）解决问题
- 多渠道找关键词，增加展现量。
- 将搜索词报告中，网民关注度高的词加入账户，并设置相应的匹配模式，不相关关键词剔除否定。

2）点击量优化

（1）数据收集
- 点击量按从高到低排序，查看账户中，点击量 TOP 20 的关键词，查看消费最高的词，是否为主营业务。

- 将搜索词报告导出（与消费数据时间周期保持一致）。
- 将点击率低于账户平均水平的关键词标注。

（2）问题诊断
- 找出业务不相关关键词。
- 标注点击率低于平均水平关键词。
- 标注排名低于 3 的关键词。

（3）解决问题
- 将业务不相关关键词去除（需结合搜索词报告，加入网民关注度高的词，删减不相关关键词，并做好否定词设置）。
- 优化创意，提升点击率低的关键词。
- 将排名低的关键词，查看匹配模式，提升价格比例，增加排名。

3）点击率优化

（1）数据收集
- 点击量或展现量从高到低排序。
- 将点击率低于账户平均水平的计划（或关键词层级）标注。
- 标注排名低于 3 名的计划（或关键词）。

（2）问题诊断
- 点击率低。
- 创意效果不理想。

（3）解决问题
- 加创意，创意需与关键词及目标页面阐述信息一致，不可夸张，不切实际。
- 如加创意效果不理想，将关键词匹配模式更改为短语或广泛（注意否定词的加入）。
- 调整关键词出价，将关键词排名在首屏位置。

4）点击价格优化

（1）数据收集
- 点击价格按从高到低排序，结合排名，查看主营业务词，是否能在首屏出现。
- 将搜索词报告导出（与消费数据时间周期保持一致）。
- 将点击量 TOP 20 的关键词标注，结合排名，了解重点词，是否排名在首屏。

（2）问题诊断
- 主营业务词，排名是否在首屏。
- 展现量大、点击率低的关键词，一定是创意，价格与排名不理想。
- 标注排名低于 3 的关键词。

（3）解决问题
- 将展现量高，排名不理想的关键词，提升价格，提高排名位置。
- 优化创意，提升点击率低的关键词。
- 将点击价格低、展现量高的关键词，优化关键词匹配模式。

5. 优化思想

（1）横向分析
- 将百度后台数据与搜索词报告相结合，了解网民关注点。
- 将点击量与点击率结合，提升目标网民的关注度。
- 将点击价格与平均排名结合，提升展现，提升网民点击。

（2）纵向分析
- 将转化成本与消费数据结合。
- 了解关键词层级的转化情况，目标网民关注的点，如价格因素、品牌因素和地区因素等。
- 百度后台的网站分析数据与消费数据结合，分析移动站问题。

（3）立体分析
- 百度后台数据+转化数据+移动站数据。
- 整体分析，转化效果不好原因，整体调整投放策略。
- 监测数据转化，评估调整效果。

案例：上海××公司

【案例描述】

上海××公司是一所专注于为大学生提供高端学历与职业提升整体解决方案的教育机构，产品分类比较多，网站流量大、网站信息量大，针对这一类的网站如何做好移动端的投放？

【案例分析】

客户主要推广4个辅导班型："一对一班型""冲刺集训""VIP保录计划""业余班型"。分别对这4个子页面，在手机网站首页建立导航栏，并且详细优化这4个页面。

对于其他的推广项目，不属于这4个班型的推广计划，建立一个推广首页面，仅给出各个班型的链接，让客户可以最快速地查到所需班型。

把4个手机网页地址链接分别添加到对应的4个重点计划。

可以使客户非常快速地找到需要的班型。这就是该客户的优化方案，轻首页、重子页，客户取得了非常好的推广效果，移动端推广消费占比大幅度提升。

本 章 总 结

本章主要讲解了以下内容：
- 移动互联网的发展趋势。
- 移动搜索推广展现样式：基础样式、扩展样式和转化样式。
- 移动网盟推广。
- 如何搭建百度推广名片：选择名片模板—设置名片信息—提交成功。
- 如何使用Site App搭建移动站：添加站点—定制效果—验证权限。
- 移动站点质量度优化、移动搜索推广优化。

本 章 作 业

1. 移动搜索推广展现样式有哪几种?
2. 简述移动网盟的定义。
3. 移动网盟推广方式分别是哪几种?

百度推广工具介绍及使用

本章简介

为了更好地帮助企业管理推广项目，实现营销目标，百度官方也有针对性地推出了一系列推广相关的辅助工具。如果可以熟练使用这些工具，无疑会极大地提高工作效率，为推广效果的提升增加砝码。本章将重点对百度推广中常用的工具进行介绍，帮助大家熟悉工具的操作方法和用途。

本章任务

掌握百度推广中使用的工具，及其使用方法功能和优势。

本章目标

- 了解百度推广客户端的含义。
- 了解百度推广客户端的优势和功能。
- 掌握百度推广客户端的常用工具操作。
- 了解百度推广手机版的优势和功能。
- 掌握百度推广手机版的操作步骤。

预习作业

请阅读本章内容，在完成以下简答题：
1. 百度推广的工具有哪些？
2. 什么是百度推广客户端？
3. 百度推广客户端的功能有哪些？

6.1 分析工具——百度统计

6.1.1 百度统计的含义

百度统计是百度推出的网站流量分析工具，它能帮助用户跟踪网站的真实流量，了解推广现状，进而协助用户优化网络营销效果、改善网站用户体验、助力网站运营决策，如图 6.1 所示。

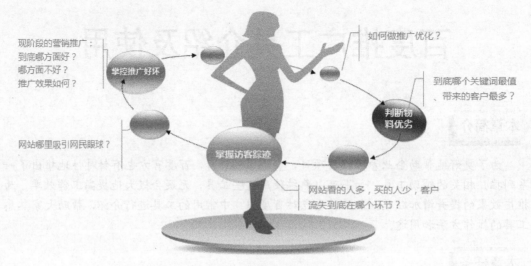

图 6.1 百度统计功能

6.1.2 百度统计的功能

1. 监控网站运营状态

百度统计能够全程跟踪网站访客的各类访问数据，如浏览量、访客数、跳出率和转化次数等，通过统计生成网站分析报表，展现网站浏览的变化趋势、来源渠道和实时访客等数据，帮助管理者从多角度观察网站状况是否良好。

2. 提升网站推广效果

百度统计可以监控各种渠道来源的推广效果，不但与百度各推广渠道完美结合，而且能通过指定广告跟踪来监控其他渠道推广效果。网站管理者可根据推广流量的后续表现，定制化细分来源和访客，进而调整 SEO 和 SEM 策略，获得更优的推广效果。

3. 优化网站结构和体验

通过统计中页面上下游、转化路径等定制分析，定位访客流失环节，有针对地查漏补缺，后续通过热力图等工具有效地分析点击分布和细分点击属性，摸清访客的常规行为，提升网站吸引力和易用性。

基于百度强大的技术实力，百度统计提供了丰富的数据指标，系统稳定，功能强大但操作简易。登录系统后按照系统说明完成代码添加，百度统计便可马上收集数据，为企业提高投资回报率提供决策依据。

代码正确添加后，进入百度统计，企业即可看到含有丰富数据的概况页，为企业提供网站最重要的流量报告，方便企业从全局了解网站流量情况，如图6.2所示。

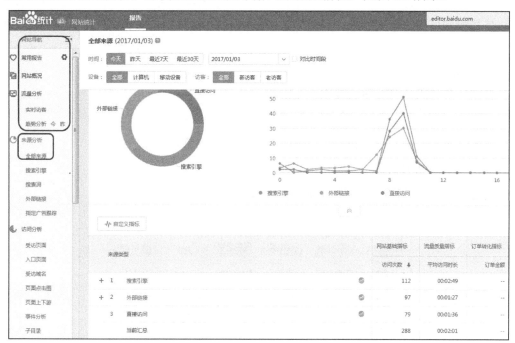

图6.2　数据概况页

通过趋势分析，企业可以洞悉网站的流量趋势：表格显示流量概况，趋势图显示指标趋势（通过左上角的指标选择），通过时间标签可以快速切换不同的时间段，趋势图中还标出周六、周日，方便分析周末流量的差异。

访客来自哪些地区：了解昨天一天，网站的访客来自哪些地域，单击"查看完整报告"按钮可查看更多地域的情况。

访客来自哪些网站：了解昨天一天，网站的访客来自哪些搜索引擎和推介网站，单击"查看完整报告"按钮可查看更多来源的情况。

消费TOP 10百度推广关键词报告：了解昨天一天，消费最多的百度推广关键词带来的流量，可以单击报告下方"查看完整报告"按钮查看更多关键词的情况。

受访TOP 10网页报告：了解网站上哪些页面最受访客欢迎，可以单击报告下方"查看完整报告"按钮查看更多页面的情况。

访问更多百度统计的报告，请单击页面上方的"查看全部报告"按钮或在底部"更多报告"区域查寻。

6.1.3　百度统计的优势

超过80%的推广客户都在使用百度统计，其主要有以下优势。

1．专业

唯一能全面监控百度推广的统计工具，与推广账户、点击消费紧密结合。15 项业内首创和独有功能，如独有百度的点击数据和时间，独有监控广告抵达速度和抵达率，独有区分搜索关键词、网盟站点、掘金等独特广告形式，数据丰富，功能完善。

2．稳定

依托权威可靠的百度技术，支持数亿 PV 的网站，提供稳定服务时间超过 99.99%，数据永久保存。

3．快速

使用异步代码，对页面加载完全无影响。

4．易用

安装简单，一键完成。20 余种图形化报告，易读易懂，操作方便。

5．谁在使用百度统计

超过 30 万推广客户正在使用百度统计，如图 6.3 所示。

图 6.3　部分使用客户

6.1.4　如何使用百度统计

作为网站维护人员，百度统计对于站长来说是衡量网站数据的有力武器，它能及时反馈来访者的停留信息。下面将整理一些简单的项目作为说明，以备初学者参考衡量。

首先，单击网站下方的百度统计按钮，进入百度统计入口，如图 6.4 所示。

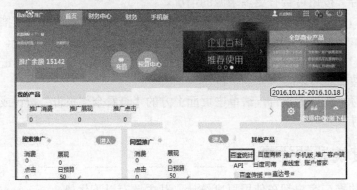

图 6.4　入口

进入百度统计的后台界面，如图 6.5 所示：左边的下拉菜单为各功能按钮，右边的主界面为对应按钮的功能展示。一般对于一个网站来说基本上能用到的条目有网站概况、搜索词、页面点击图、转化路径和搜索词排名等。

图 6.5　百度统计界面

> 网站概况：能反映出网站的访问人数以及访问的页面数和跳出率等概况，也可以手动选择衡量的时间段，如图 6.6 所示。

图 6.6　网站概况

> 搜索词：能够反映出所选时间段里用户通过百度搜索哪些词语来到了我们的网站，如图 6.7 所示。

图 6.7 搜索词

➢ 页面点击图：可以通过新增页面点击图来查看访客对于我们网站的哪一部分内容最感兴趣，如图 6.8 所示。

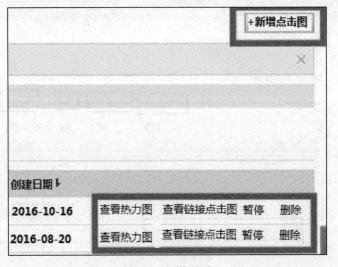

图 6.8 新增页面

➢ 转化路径：企业可以通过初始提示进行设置，以便获得最想引导用户点击的某个网页的访问次数，如图 6.9 所示。

第6章 百度推广工具介绍及使用

图 6.9　转化路径

➢ 搜索词排名：企业可以通过搜索词条目右上方的"搜索词排名"来新增想要统计的网站关键词的排名，它会以折线图的形式展现排名波动，如图 6.10 所示。

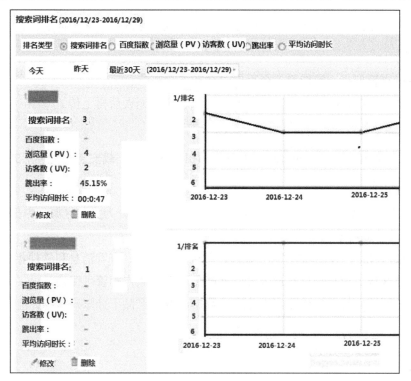

图 6.10　搜索词排名

· 149 ·

6.2 百度统计客户端

6.2.1 百度客户端简介

1. 定义

百度推广客户端是一款供百度搜索推广与网盟推广、医疗推广、教育推广、问答营销等用户免费使用的百度推广账户关键软件。

2. 功能

百度推广客户端有 5 大功能。

- 批量操作：可以对大量物料进行批量新增、编辑、删除、复制、粘贴，大幅提高推广效率。
- 关键词推荐：可以以核心词为词根，大量拓展关键词，提升流量。
- 快速定位：可以通过筛选功能、物料定位系统等功能，快速定位关键物料，节省操作时间。
- 智能分析：可以直观了解账户数据表现，多角度了解账户现状，直观了解推广效果。
- 账户优化：可以直接获取优化建议，便捷批量修改待优化的问题物料。

3. 优势

- 多账户管理：一键切换多个百度平台和多个账户。
- 离线操作：为确保安全，可在本地完成、检查无误后再上传。

4. 下载与安装

在地址栏输入 editor.baidu.com，下载分为在线安装和下载安装包两种形式。

5. 界面介绍

在首次进入百度推广客户端时，会进入客户端界面，分为头部区域、中部区域和下方区域 3 个部分，如图 6.11 所示。

- 头部区域：用于对推广客户端的账户分视图查看、查看消息和软件相关设置。
- 中部区域：用户选择账户或者选择产品、搜索账户和管理账户。
- 下方区域：显示当前账户下分产品数据，或者产品下分账户数据。

第 6 章 百度推广工具介绍及使用

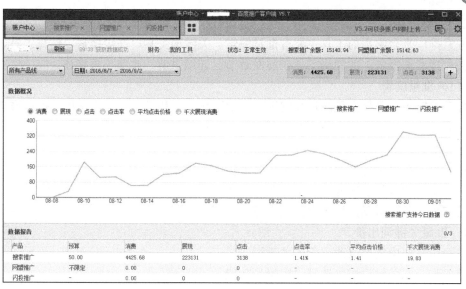

图 6.11 百度推广客户端界面

6.2.2 推广客户端的主流平台

百度推广客户端一般默认的主流平台有搜索推广和网盟推广，如果教育行业开通教育推广，在相应的客户端界面则会显示教育推广平台，同理，医疗行业会显示医疗推广等。本节主要介绍搜索推广和网盟推广两大常用平台。

1. 搜索推广平台

1）界面介绍

如图 6.12 所示为搜索推广界面，搜索推广平台的界面主要分为工具区、目录区和物料区 3 个部分。

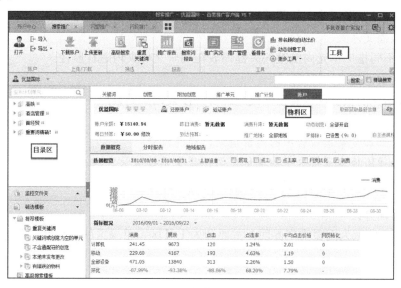

图 6.12 搜索推广界面

2）主要工具

搜索推广平台常用的工具主要有批量编辑、关键词工具、高级搜索、估算工具、监控文件夹和搜索词报告。关键词工具在前面章节已详细讲解，本节不再赘述。

（1）批量编辑

批量编辑主要是指批量添加关键词、批量添加创意和批量关键词出价。批量添加关键词在前面章节已经学过，本节主要讲解如何批量添加创意和关键词出价。

➢ 批量添加创意。

第一步：在"普通创意"层级单击"批量添加/更新"。

第二步：输入创意内容，包括标题、描述。

第三步：验证数据，单击"完成"按钮即可。

➢ 批量关键词出价。

第一步：选中需要修改出价的关键词。

第二步：在关键词层级选择"编辑"功能。

第三步：选择"高级出价修改"。

第四步：按照需求选择提高出价或者降低出价。

第五步：修改幅度范围。

第六步：单击"更改出价"按钮即修改成功。

（2）高级搜索

高级搜索的功能是可以快速查找账户中的不同物料。

第一步：选择需要快速查找的物料名称，如"关键词名称"、"关键词匹配模式"和"创意标题"等。

第二步：可选用不同筛选条件，快速查找关键物料，如"包含"和"不包含"等。

第三步：确定后，就可选出需要查找的所有物料。

（3）估算工具

估算工具可以根据输入的关键词、出价和地域，预估关键词排名情况。

（4）监控文件夹

它能将不同推广单元内的某些关键词放在同一文件夹内进行监控。

（5）搜索词报告

通过搜索词的报告可以看出网民通过哪些搜索词找到客户。

【经验分享】

➢ 可以添加搜索词报告中的高价值词，提高流量。

➢ 可以排除搜索词报告中的低价值词，减少无效流量。

2. 网盟推广平台

（1）界面介绍

如图 6.13 所示为网盟推广界面，主要分为工具区、目录区和物料区 3 部分。

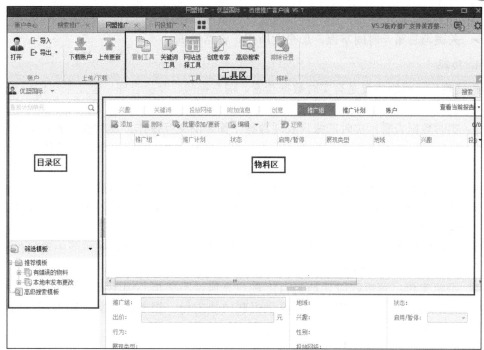

图 6.13 网盟推广界面

（2）主要工具

网盟推广平台常用的工具主要有复制工具、关键词工具和网站选择工具。

- 复制工具：复制工具的功能主要是可以将选中的已有网盟推广组复制到原有或者新建推广计划中，简化繁复的操作。
- 关键词工具：关键词工具的功能主要是可从搜索推广导入关键词，方便快捷。
- 网站选择工具：网站选择工具的功能主要是可以按照网站属性、网站分类、网址或者网站名称进行筛选或搜索，为企业方便准确地选择网站。

6.2.3 百度推广手机版

1. 定义

百度推广手机版是手机上的推广管理平台，可以通过它在手机上管理、查看、优化账户，随时随地管理账户。

2. 下载方式

用手机百度一下"百度推广"，可以在搜索结果页找到百度推广手机版，直接下载即可。

- 用手机扫描二维码进行下载安装。
- 用电脑，进入产品主页 mobile2.baidu.com，选择"下载到手机"的方式。

3. 优势

- 让企业随时随地联系潜在客户，随手实现商机转化。

> 帮企业实时关注推广排名，及时优化，巩固市场竞争力。
> 关键消息第一时间掌握，想企业所想，占据先机。

4. 功能

百度推广手机版主要是有实时数据查看、消息提醒、商机管理、智能账户优化和手机支付 6 大功能。

> 实时数据查看：实时的账户表现数据，简单的交互操作。及时查看账户数据，发现问题，如不满意某个关键词或某个单元目前消费，可直接采取暂停措施，与 PC 端后台相比，方便快捷。
> 消息提醒：账户消费信息，优化信息及时提醒，以免错失推广。
> 商机管理：可以方便地在手机上查看商桥的留言信息，及时与潜在客户沟通，完成交易。
> 智能账户优化：根据优化提醒，直接优化账户，方便快捷。手机版主要提供看排名、添好词、拓客源和超排名 4 个优化角度。
> 手机支付：可以随时随地为百度账户充值，不必担心因不及时续费影响推广效果。目前，百度推广手机版提供银联快捷支付、银联语音支付和银行代收 3 种支付方式。

案例：手机版修改关键词匹配模式

【案例描述】

账户内某关键词的质量度降低，经查明原因之一是展现量下降，现急需修改此关键词的匹配模式，增加展现量。

第一步：在关键词层级点击"匹配模式"，如图 6.14 所示。
第二步：根据需求，将"短语-同义包含"匹配修改为"广泛"匹配，如图 6.15 所示。
第三步：检查确定修改成功，如图 6.16 所示。

图 6.14　点击"匹配模式"

图 6.15　修改匹配模式

图 6.16　检查确定

【案例分析】

修改匹配模式可以一方面增加展现量。使用百度推广手机版可以很方便地将原来的"短语-同义包含"匹配修改为"广泛"匹配，节省使用电脑操作的时间。

6.3 商桥沟通工具——百度离线宝

6.3.1 百度离线宝

1. 百度离线宝简介

百度离线宝是国内领先的提升电话转化效果的营销应用平台，集网页回呼、400增值、媒体追踪等丰富的营销应用于一体，全方位分析，提升推广的电话转化效果，百度离线宝如图6.17所示，移动端离线宝如图6.18所示。

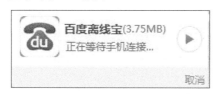

图6.17 百度离线宝

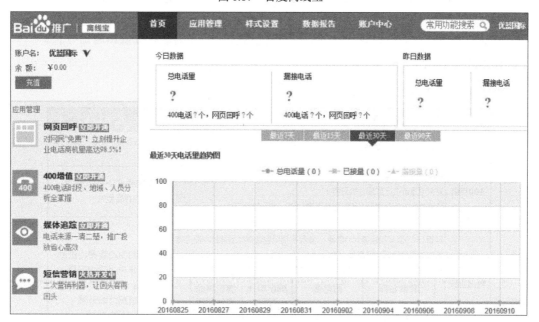

图6.18 移动端离线宝

2. 离线宝产品地图

如图6.19所示为离线宝产品地图。

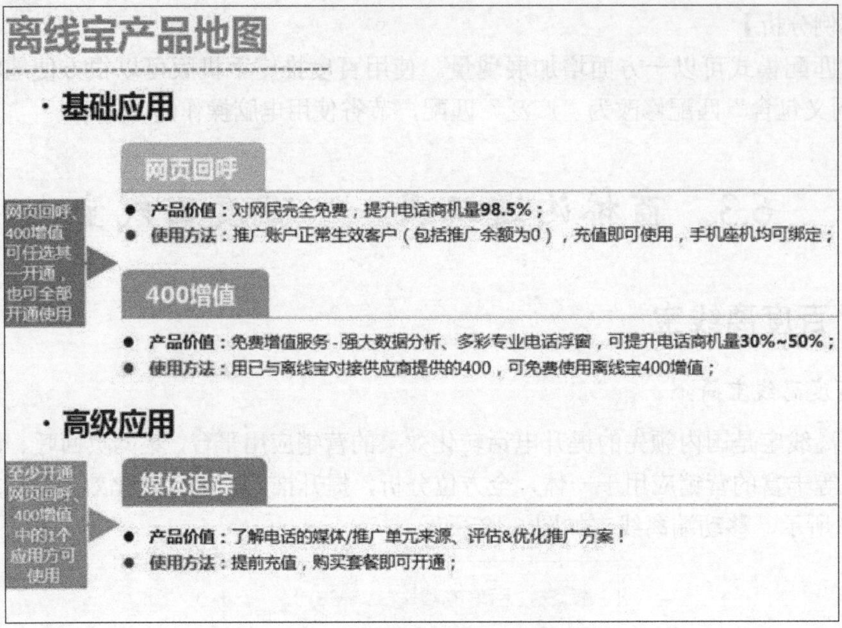

图 6.19　离线宝产品地图

离线宝应用介绍：

➢ 两个基础应用——网页回呼、400 增值：可任选其一使用，也可全选。

➢ 一个高级应用——媒体追踪：网页回呼和 400 增值至少开通其一才可使用。

所以，无 400 也能用离线宝！ 网页回呼能帮客户提升电话商机量和通话时长。

3. 关于收费

如图 6.20 所示为收费表。

<table>
<tr><th>应用</th><th>收费标准</th><th>扣费方式</th></tr>
<tr><td>网页回呼</td><td>0.2元/分钟，无最低消费；</td><td>由离线宝账户余额中直接扣除</td></tr>
<tr><td>400增值</td><td>百度免收服务费：
对400通话进行数据分析服务；
免费给客户提供展示400的精美浮窗样式，提升电话商机；</td><td>400的话费交给400供应商，与百度无关；</td></tr>
<tr><td>媒体追踪</td><td>特惠1500套餐和超值900套餐：套餐费用只包含媒体追踪的年服务费，第二年可续套餐或改套餐；
<table>
<tr><th rowspan="2">套餐名称</th><th rowspan="2">服务费</th><th colspan="2">服务内容</th></tr>
<tr><th>绑定单元配额</th><th>绑定其他媒体配额</th></tr>
<tr><td>超值900套餐</td><td>900/年</td><td>20个</td><td>10个</td></tr>
<tr><td>特惠1500套餐</td><td>1500/年</td><td>8600个</td><td>100个</td></tr>
</table></td><td>. 特惠1500套餐将由离线宝账户余额中扣除；
. 超值900套餐：必须使用优惠码才能开通；（具体咨询百度推广顾问）</td></tr>
</table>

图 6.20　收费表

4. 离线宝使用指南

离线宝使用指南详情请登录 http://lxb.baidu.com/lxb/open/。

6.3.2 百度商桥

1. 商桥的含义

百度商桥是一款针对企业客户量身打造的网站商务沟通工具，分别推出商桥 2016 及商桥医疗版两个版本。以"沟通创造价值"为理念，创新打造集在线客服、智能营销、客服管理、数据分析为一体的营销平台。线上线下、PC 移动，全方位助力流量转化；从咨询成单到统计分析，帮助企业实现整个营销过程的良性循环。

安装商桥客户端后，只需在网站上添加一段代码，即可获得网民"进入网站、浏览网页、商业意图判断、捕获访客发出商机、建立在线沟通、成单记录、效果分析、优化建议"全程数据和解决方案。

目前，更有移动版商桥支持随时随地和访客沟通，查看留言及网站数据。

百度移动搜索推广携手商桥推出商桥移动咨询，移动推广结果内嵌商桥按钮，离移动用户更近一步，移动流量转化更提升一步。如图 6.21 所示为商桥总界面。

图 6.21　商桥总界面

2. 设置商桥

在"系统设置"中的"网站管理"选择"样式管理"，然后选择"咨询图标"标签，系统默认进入咨询图标设置页面，如图 6.22 所示。

图 6.22 咨询图标设置页面

3. 咨询图标

（1）类型

商桥提供了 3 种图标类型，即浮动型、炫彩型和内嵌型，如图 6.23 所示。

图 6.23 咨询图标类型

炫彩型与浮动型类似，整体风格设计更加具有设计感，如图 6.24 所示。

图 6.24　炫彩型

（2）皮肤样式

在浮动型和内嵌型的类型中，可以选择主题、纯色、自定义 3 种模式来设置图标的皮肤，可以对图标的宽和高进行设置。

- 主题：商桥自带了多款精美主题，覆盖了众多行业，方便大家快速设置，如图 6.25 所示。
- 纯色：有些企业希望获得简约的展现方式来配合网站的样式，可以通过选择纯色皮肤来做到这一点。
- 自定义：允许企业上传图片，控制尺寸。建议选择清晰的图片上传，并且控制尺寸使得图片正常显示。

图 6.25　主题皮肤样式

（3）图标尺寸

通过调整图标宽和高的尺寸来设置咨询图标的大小，如果选择的是自定义图标，还可以直接自定义设置，如图 6.26 所示。

（4）标题样式

标题样式即显示在咨询图标上的文字。

商桥提供了在线咨询、联系我们、call us 多种颜色的标题。若不喜欢标题显示，也可以选择隐藏标题，如图 6.27 所示。

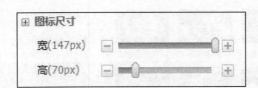

图 6.26　定义图标尺寸　　　　　　　　　图 6.27　标题样式

（5）图标展现图层与样式

图标展现样式设置中，可以设置咨询图标中展示的内容，分为只显示图标、显示分组、显示客服列表 3 个选项，如图 6.28 所示为图标展现图层与样式。

（6）图标显示位置

对图标在页面中显示的 6 个位置可以进行设置，如图 6.29 所示。

图 6.28　图标展现图层与样式　　　　　图 6.29　图标显示位置

4．邀请框

邀请框如图 6.30 所示。

图 6.30　邀请框

邀请框类型和咨询图标设置类似，分为通用型和炫彩型两种类型，背景图和装饰图分为主题、纯色、自定义 3 个选项，如图 6.31 所示。

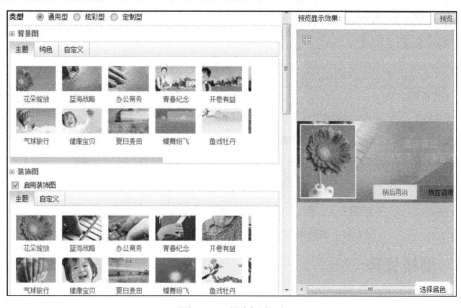

图 6.31　邀请框类型

5. 按钮模式

邀请框按钮分为以下 3 种设置（如图 6.32 所示）。
- ➢ 显示按钮：提供"现在咨询"和"稍后咨询"两个按钮可供选择。
- ➢ 隐藏按钮：隐藏咨询按钮，只显示邀请文字，访客点击邀请框任何位置都可以发起对话。
- ➢ 直接聊天：访客可以在邀请窗口直接输入文字发送给客服。

6. 邀请文字内容

设置邀请时显示的邀请语，通常是介绍公司产品、欢迎客户的话语。其中支持插入链接，点击后进入企业希望访客浏览的网页。选择链接后，在输入框中输入 URL，单击"添加"按钮即可。如图 6.33 所示为邀请文字内容。

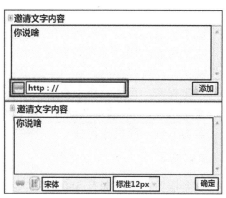

图 6.32　按钮模式　　　　　　　　　图 6.33　邀请文字内容

7. 邀请机制

管理员可以设置邀请机制，分为邀请方式、邀请次数、邀请页面、邀请时机和消失时间选项，如图 6.34 所示。

8. 邀请框显示位置

邀请框可以选择在页面中间、左下、右下 3 个位置显示，如图 6.35 所示。

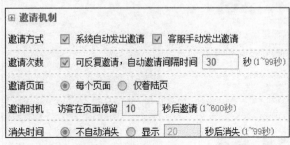

图 6.34 邀请机制

图 6.35 邀请框显示位置

6.3.3 商桥优势

1. 权威专业

- 实力雄厚：依靠全球最大的搜索引擎公司百度，拥有数以千计的研发工程师，遍布全国的机房。依托百度推广，拥有丰富的在线营销经验。无限座席、最大兼容 30 个网站。全豪华阵容为企业保驾护航，抓住商机不再发愁。
- 百度数据：流量变沟通——沟通变商机——商机变销量。从推广到沟通，百度可全程为企业提供准确专业的数据系统。
- 多重产品：结合 PC 网页、手机客户端和无线访客端。无论哪里商机、何种商机形式，随时随地全把握！

2. 稳定强大

硬件保证&软件护航：拥有全国最好的机房、最稳定的网络环境、最强大的数据库系统；这里有顶级的工程师团队，最具经验的方案解决专家，最懂搜索营销的行业资深人士。所有难题迎刃而解，并且还能提供最具竞争力的咨询意见。

3. 安全保密

- 威盾护航：百度商桥特有的威盾安全体系，独具多重安全保障，确保系统安全稳定又可靠。"911 系统"防止网络攻击，商机进得来；"AntiSpam 系统"防止广告骚扰，垃圾赶得出。
- 多重保密：百度商桥独有的威盾保密体系，设立重重保护，确保企业的数据安全密不透风。"云端永久储存"打破时空限制，记录存得久；"三级纵深防御"防止黑客入侵，商机守得住。

4. 周到贴心

- 周到服务：百度拥有 5500 多名专业客服团队。从学习使用到分析商机，全程提供专业服务与咨询。无论是购买之初，还是使用当中，随时随地提供服务。

- 贴心关怀：特别关注不同行业推广计划，空账期长达 180 天。即便推广账户中余额为 0 仍可使用长达 6 个月！

6.4 百度指数

1. 百度指数的含义

百度指数是用以反映关键词在过去 30 天内的网络曝光率及用户关注度。它能形象地反映该关键词每天的变化趋势。指数是以网页搜索和新闻搜索为基础的免费海量数据分析服务，用以反映不同关键词在过去一段时间里的"用户关注度"和"媒体关注度"。企业可以发现、共享和挖掘互联网上最有价值的信息和资讯，直接、客观地反映社会热点、网民的兴趣和需求。

2. 百度指数的价值

百度指数专业版充分整合百度数据优势，利用切词、聚类和交叉分析等数据挖掘技术，将搜索关键词逐层进行细分聚类，挖掘出行业、细分市场、品牌和产品这 4 大类的搜索数据，以准确、系统、客观地反映它们的发展动态及趋势。

因此，专业版可以在下面 5 个方面帮助企业：

- 判断行业趋势，掌握行业动态。
- 了解具体细分市场发展状况，精确市场定位。
- 明确最直接的竞争对手，并跟踪其动态。
- 精准定位消费人群，把握网民偏好、搜索习惯以及常用网站。
- 精准广告投放策略，实时追踪全媒体投放效果，判断行业趋势，掌握行业动态。

案例：

1. 市场定位分析

（1）消费者对自己的品牌有没有关注？多少人知道自己的品牌？

通过图 6.36 所示的行业分析，了解自己的品牌在消费者心目中的地位。

图 6.36　行业分析

（2）市场上除了 A 产品外，还有哪些产品是自己的竞品？

通过图 6.37 产品分析，了解自己的竞品及自己所处的关注度位置。

图 6.37　产品分析（1）

（3）现在油价挺贵，自己的品牌要不要出小型车？

通过图 6.38 所示的市场细分，功能查询何种类型的产品更受消费者的关注。

（4）西北市场消费能力有待开发，是否需要多出低价位的车？

通过图 6.39 所示的市场细分，了解不同地域消费者的真实需求。

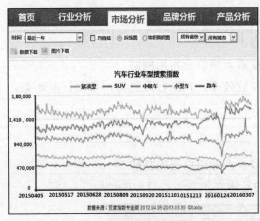

图 6.38　市场细分（1）　　　　　图 6.39　市场细分（2）

2. 数据营销辅助

（1）关注自己的消费者都在哪里？

通过图 6.40 所示的人群地域特征，了解自己目标受众的地域分布。

（2）关注自己的消费者都有哪些行为偏好？

通过图 6.41 所示的人群兴趣，了解自己目标受众的行为偏好。

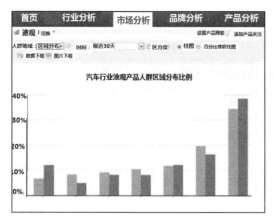

图 6.40　人群地域特征

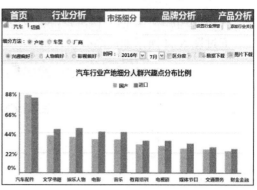

图 6.41　人群兴趣

（3）在哪个时间段投放广告更有效果？

通过图 6.42 所示的搜索特征，了解目标受众的习性，提升投放的效率。

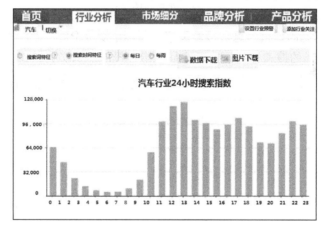

图 6.42　搜索特征

（4）该选择哪些媒体作为数字营销投放的场所？

通过图 6.43 所示的网站访问，了解自己目标受众的网络访问习惯和影响路径。

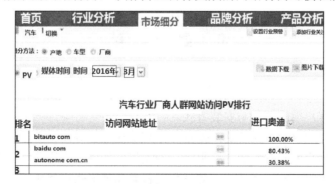

图 6.43　网站访问

3. 营销效果监测

（1）投放了半年的广告，是否有效呢？

通过图 6.44 所示的产品分析，可以查看产品在指定期间内的关注指数。

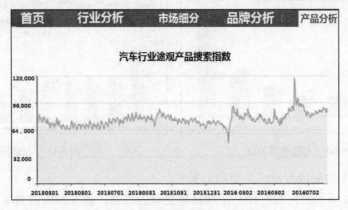

图 6.44　产品分析（2）

（2）如何让自己的积极信息在搜索引擎中展示的更充分？

通过图 6.45 所示的搜索行为、搜索特征，指导投放前购买关键词比例。

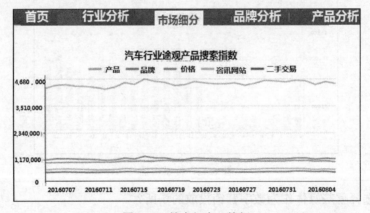

图 6.45　搜索行为、特征

本章总结

本章主要讲解了以下内容：
- 百度推广客户端的下载与安装方式。
- 百度推广客户端的 5 大功能：批量操作和快速定位等。
- 百度推广客户端的常用的主流平台：搜索推广和网盟推广。
- 百度推广手机版的 6 大功能：实时数据查看和智能账户优化等。

第6章 百度推广工具介绍及使用

本章作业

1. 什么是百度推广客户端？
2. 简述百度推广客户端的功能。
3. 注册一个免费百度推广账号，登录客户端熟悉搜索推广和网盟推广的基本功能。
4. 什么是百度推广手机版？
5. 注册一个免费百度推广账号，登录手机版熟悉账户后台操作步骤。

百度品牌类产品介绍

本章简介

本章主要讲解品牌专区、品牌华表、品牌起跑线营销的价值以及展现样式，帮助企业更好地推广产品。

本章任务

掌握百度品牌类产品营销价值、展现样式和售卖规则。

本章目标

> 了解百度品牌推广的相关产品。
> 了解品牌华表展现样式、营销价值。
> 了解品牌起跑线展现样式、营销价值。

预习作业

请阅读本章内容，完成以下简答题：
1. 什么是品牌专区？
2. 品牌专区的价值？
3. 什么是品牌华表？
4. 什么品牌起跑线？

7.1 品牌专区

1. 品牌专区的含义

百度品牌专区是在百度搜索结果最上方为著名品牌量身定制的资讯发布区域，首屏首位，荣享大展示面积，展现文字、图片、视频等多形式信息。在品牌展示区上，企业官网的丰富资讯以精选和更为直接的方式展现在网民面前，众多网民也得以更便捷地了解品牌官网信息，更方便地获取所需企业资讯，如图 7.1 所示。

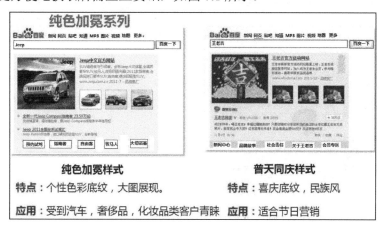

图 7.1　品牌专区

2. 品牌推广的价值

- 黄金首屏位置，最佳第一印象。
- 树立品牌形象，增强信任感。
- 缩短信息到达路径，提供便捷的销售通路。
- IMC 整合营销收口，提升推广效能。
- 企业重要沟通渠道，官方信息直达。

7.2 PC 品牌专区的展现样式

品牌专区的展现样式有 3 种，即标准样式、高级样式和 VIP 定制样式。标准样式有 4 种固定模板，高级样式有 4 大系列，企业可以自行选择，同时也可以根据营销需要，申请 VIP 定制化的品牌专区。

1. 标准样式

品牌专区标准样式由左侧文字与右侧擎天柱组成，左侧文字区域由于排版不同，共有 4 款样式可选，即栏目+表格、栏目+Button、仅表格和仅栏目。标准样式如图 7.2 所示。

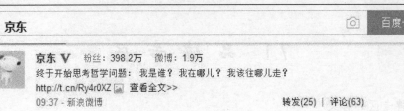

图 7.2 标准样式

(1)标准样式

如图 7.3 所示为标准样式。

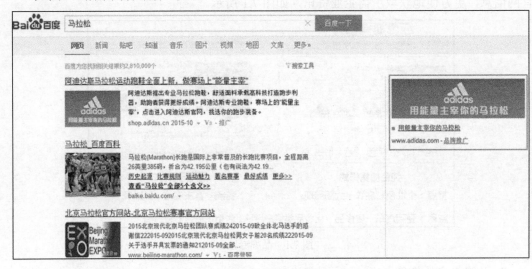

图 7.3 标准样式

(2)大图轮播

如图 7.4 所示为大图轮播。

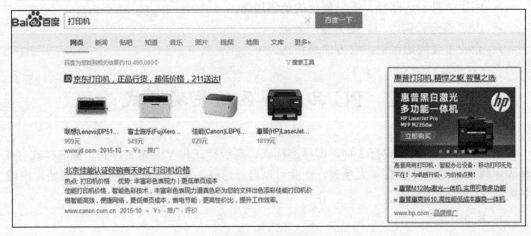

图 7.4 大图轮播

（3）大图浮层

点击右侧小图后，展示浮层大图，如图 7.5 所示。

图 7.5　大图浮层

（4）视频样式

如图 7.6 所示为视频样式。

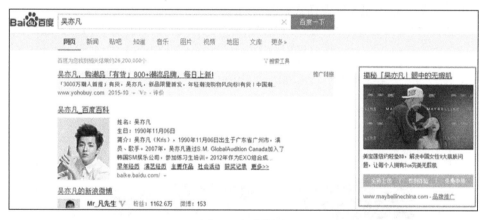

图 7.6　视频样式

（5）多图样式

如图 7.7 所示为多图样式。

图 7.7　多图样式

2. 高级样式

高级样式如大视频样式，对右侧大视频点击播放后，视频播放窗口将向下拉，物料面积会向下扩张。该样式更容易在第一时间吸引用户眼球，如图 7.8 所示。

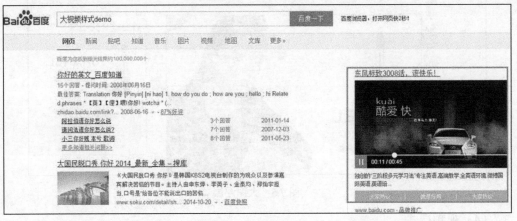

图 7.8　大视频样式

（1）高级样式-多 Tab 展现样式如图 7.9 所示。

图 7.9　多 Tab 展现样式

（2）高级样式-图文展现样式如图 7.10 所示。

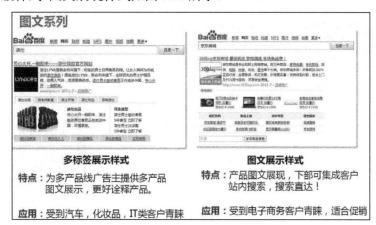

图 7.10　图文展现样式

（3）高级样式-标准微博样式如图 7.11 所示。

图 7.11　标准微博样式

（4）高级样式-胶带展现样式如图 7.12 所示。

图 7.12　胶带展现样式

（5）高级样式-浮层视频样式如图 7.13 所示。

图 7.13　浮层视频样式

（6）高级样式-纯色加冕系列样式如图 7.14 所示。

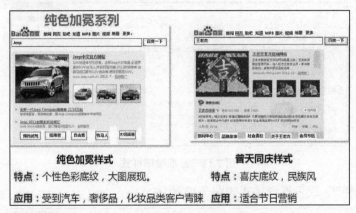

图 7.14　纯色加冕系列样式

（7）高级样式-左侧视频系列样式如图 7.15 所示。

图 7.15　左侧视频系列样式

(8）高级样式-游戏样式如图 7.16 所示。

图 7.16　游戏样式

7.3　无线品牌专区的展现样式

1. 产品简介

百度无线品牌专区是在百度搜索结果页最上方为著名品牌量身定制的资讯发布平台，消费者通过移动设备搜索特定品牌、产品相关关键词时，在百度无线搜索结果首页最上方，以文字、图片等多种整合形式及时展现的创新搜索结果展现样式。如图 7.17 所示的产品简介。

图 7.17　产品简介

无线品牌专区是百度网页版品牌专区在无线上的扩展与延伸。

2. 营销价值

如图 7.18 所示为百度无线品牌专区的营销价值。

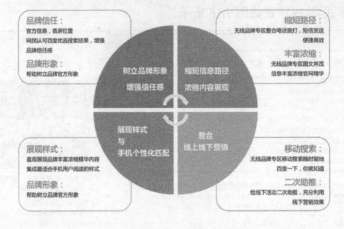

图 7.18 营销价值

3. 标准样式

移动端标准样式分别为以下几种类型：文字链接样式、双子链电话样式、四按钮样式、多系列样式、视频双子链样式、表格样式、多 Tab 表单样式、多 Tab 切片样式、多电话列表样式、APP 推广样式、APP 推广视频大图样式、视频大图按钮样式、滑动 ICON BANNER 图片下载样式、滑动 ICON 电话样式和投票样式。

4. 高级样式

移动端高级样式分别为：大图轮播下载样式、大图表单样式和图片社区。

7.4 品牌华表

通过关键词精准匹配展现在网页右侧的图文品牌展示类推广。产品主要针对客户的品牌推广营销策略，将通用词（如智能手机、三国杀、欧洲自由行、英语培训等）、节日词（如国庆节、圣诞节）等关键词占为己有，在网页搜索结果页右侧将品牌信息前置，树立和强化企业的品牌影响力。如图 7.19 所示为品牌华表展示位。

图 7.19 品牌华表展现位

1. 营销价值
- 全面覆盖:品牌华表全面覆盖品牌未知人群,独占行业先机,如图 7.20 所示。

图 7.20　品牌华表覆盖

- 品牌曝光:品牌华表有效吸引用户注意,提升品牌知名度,如图 7.21 所示。

图 7.21　品牌曝光

- 深化认知:品牌华表向用户传达可靠信息,深化品牌认知度,如图 7.22 所示。

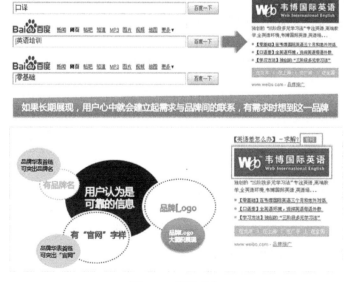

图 7.22　深化认知

2. 展现样式

品牌华表提供了9款标准样式（标准样式、大图轮播、大图浮层、视频样式、多图样式、Banner样式、右侧宽版擎天柱、右侧视频样式、右侧拓展浮层样式）和一款高级样式（大视频样式），共两大类10款样式，帮助企业把握品牌建设的关键时刻。

7.5 品牌起跑线

品牌起跑线是针对中小企业主，可同时在搜索、知道、新闻页面，通过品牌/产品词触发的品牌综合体现。客户可通过"自定义问题+品牌/产品词"完成广告定制，并获得多频道下，经过问题触发，更为精准、强势的品牌曝光。如图7.23所示为其营销价值。

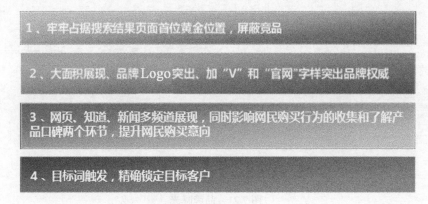

图 7.23 营销价值

品牌起跑线 PC 端分为标准样式和尊享样式两种。

（1）标准样式

标准样式主要面向全部行业中小企业开放。

➤ 搜索结果页样式，如图 7.24 所示。

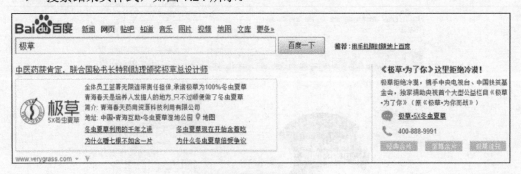

图 7.24 搜索结果页样式

➤ 知道频道样式，如图 7.25 所示。

图 7.25 知道频道样式

➢ 知道频道中间页样式,如图 7.26 所示。

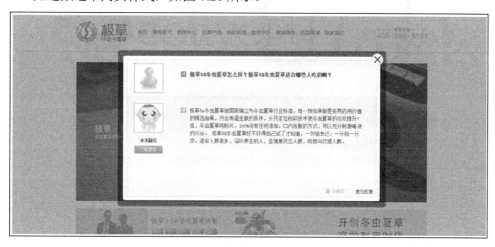

图 7.26 知道频道中间页样式

➢ 新闻频道样式,如图 7.27 所示。

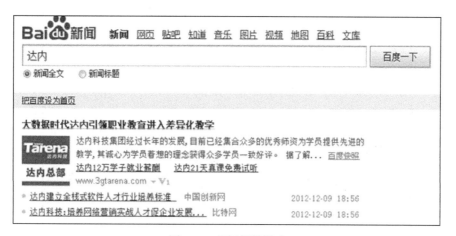

图 7.27 新闻频道样式

➢ 品牌起跑线无线端样式,如图 7.28 所示。

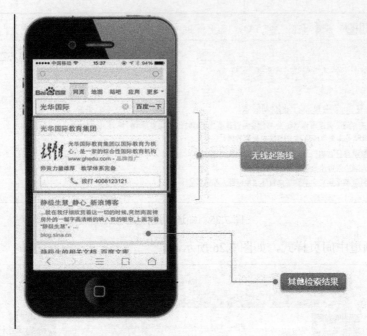

图 7.28　品牌起跑线无线样式

（2）尊享样式

尊享样式主要面向中小教育行业客户开放。

搜索结果页样式：教育行业尊享样式 4 种样式可供选择，如图 7.29 所示。

图 7.29　搜索结果页样式

本章总结

本章主要讲解了以下内容：
➢ 品牌专区的含义价值、展现样式。
➢ 品牌华表的含义、营销价值、展现样式。
➢ 品牌起跑线的含义、营销价值、展现样式。

本章作业

1. 什么是品牌专区？
2. 品牌华表的营销价值是什么？
3. 品牌起跑线是展示样式？

数据分析与方案制作

本章简介

在百度竞价推广中,数据分析是不可缺少的一部分。做好数据分析对于以后在账户优化中具有相当大的意义。本章主要讲解数据分析的重要性、数据分析的原理以及数据分析的概念,最后讲解了优化账户数据的一些方法和思路。希望本章内容能够在以后的工作学习中起到一定的作用。

本章任务

掌握数据分析的基本概念和原理,学习数据优化的方法。

本章目标

- 理解数据分析的重要性。
- 理解数据准备的基本概念。

预习作业

请阅读本章内容,完成以下简答题:
1. 数据分析的原理是什么?
2. 账户数据优化的方法?

第 8 章　数据分析与方案制作

8.1　数据分析

"我知道在广告上的投资有一半是无用的,但问题是我不知道是哪一半。"这个至理名言堪称广告营销界的"哥德巴赫猜想",而提出这个"难题"的约翰·沃纳梅克(John Wanamaker)同样赫赫有名,被认为是百货商店之父。数据分析十分重要,却存在难度,难度在于数据的获取。

1. 数据分析的作用

搭建账户只是搜索引擎竞价的开始,账户优化过程中会面临很多的不确定因素(包括外界的、自身的)。优化无终点,优化无止境,数据分析能够及时发现推广过程中的问题,修正推广方向,数据分析是指引账户优化的风向标。

2. 搜索引擎竞价数据统计原理

区别于传统的营销手段,搜索引擎营销可以借助工具清晰地掌控流量的来源、停留时长等一些关键数据(网站数据统计原理如图 8.1 所示,搜索引擎竞价数据统计原理如图 8.2 所示),供推广者进行分析修正投放方向。

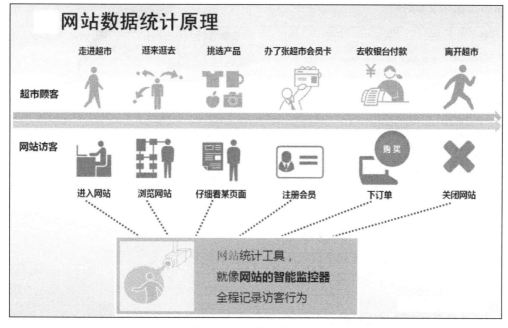

图 8.1　网站数据统计原理

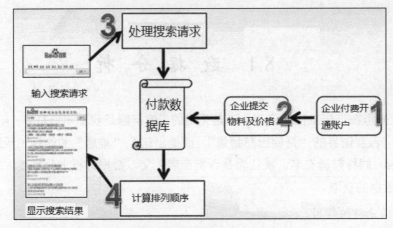

图 8.2 搜索引擎竞价数据统计原理图

8.2 了解数据准备的基本概念

1. 二维表是由行与列组成的二维平面表格

二维表名就是关系名。表中的第一行通常称为属性名，表中的每一个元组和属性都是不可再分的，且元组的次序是无关紧要的。二维表中每一行称为一个记录，每一列称为一个字段，如图 8.3 所示。

日期	账户	展现	点击	消费	点击率	平均点击价	网页转化	商桥转化	电话转化
2016/8/9	优蓝国际	375	16	32.71	4.27%	2.04	0	0	0
2016/8/10	优蓝国际	5425	120	185.4	2.21%	1.54	0	0	0
2016/8/11	优蓝国际	6198	89	106.26	1.44%	1.19	0	0	0
2016/8/12	优蓝国际	5921	56	108.63	1.43%	1.94	0	0	0
2016/8/13	优蓝国际	2795	39	63.59	1.40%	1.63	0	0	0
2016/8/14	优蓝国际	2631	44	64.63	1.67%	1.47	0	0	0
2016/8/15	优蓝国际	4705	68	121.38	1.45%	1.78	0	0	0
2016/8/16	优蓝国际	13000	79	128.4		1.63	0	0	0
2016/8/17	优蓝国际	21616	128	180.75		1.41	0	0	0
2016/8/18	优蓝国际	23084	118	167.51	0.51%	1.42	0	3	0
2016/8/19	优蓝国际	16392	98	140.26	0.60%	1.43	0	2	0
2016/8/20	优蓝国际	6641	111	130.01	1.67%	1.17	0	1	0

图 8.3 二维表

2. 二维表中每一列称为一个字段

- 字段又称为属性，每列字段表示某一专题的信息。
- 字段包含字段名和值两个部分。
- 字段名具有唯一性。
- 字段名具有次序无关性。

3. 二维表中每一行称为一个记录

- 记录的个数是有限的。
- 记录具有唯一性。

- 记录具有次序无序性。
- 一行记录的信息是不可分割的。
- 记录又称为元组，每行记录包含了本行所有字段信息。

4. 主键

- 主键又称为主关键字，可能是二维表中的一个或多个字段，用于唯一的表示表中的某条记录。
- 在两个表的关系中，主键用来在一个表中引用来自于另一个表中的特定记录。

5. 数据准备的常见错误

- 数据重复记录。
- 数据缺失。
- 数据格式错误。

6. 数据准备

- 搜索引擎数据准备：展现量、点击量、消费、平均点击价格等。
- 网站数据准备：PV、UV、IP、在线咨询数、信息数（联系电话、注册量、QQ、邮箱）等。
- 转化数据：有效信息量、成交量。

【经验分享】

数据采集要注意数据的完整性，跨度越大、周期越长、维度越多，分析出来的结果越接近真实值。

8.3 Execl 录入技巧

1. 横向录入、纵向录入

在 Execl 中录入数据时，按 Enter 键通常是向右跳，其实还可以设置为向下、向左和向上，如图 8.4 所示。

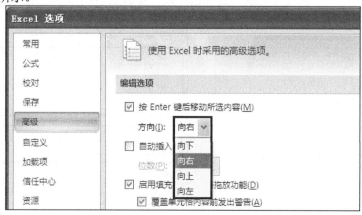

图 8.4 设置按 Enter 键后选中单元格移动方向

2. 多选录入

对于需要输入相同数据的多个单元格，选中单元格之后输入数据，然后按 Ctrl+Enter 快捷键。

3. "'" 变单元格为文本形式

输入数据之前先输入英文状态下的 "'"，再输入数字时就自动变为文本格式，不再采用科学计数法。

4. 分数录入

如果想在单元格录入份数，如 1/3，系统会直接显示为日期格式，采用假分数的形式输入为 0 1/3 即可显示为 1/3，或者是采用变为文本形式同样可以实现。

【经验分享】

多选录入在选中单元格时，对于分布不规律的空单元格可以采用定位（按 F5 键或者 Ctrl+G 快捷键）。

8.3.1 粘贴技巧

1. 粘贴

复制粘贴之后，粘贴区域会出现"粘贴选项"，如图 8.5 所示，其中有以下 7 个选项。

- ➢ 保留源格式：公式、批注、条件格式等全部原封不动的保留（默认选项）。
- ➢ 使用目标主题：与被粘贴工作表风格一致。
- ➢ 匹配目标区域格式：以粘贴的目标位置格式为准。
- ➢ 值和数字格式：只保留数字及数字格式。
- ➢ 保留源列宽：将源列宽与目标列宽度保持一致。
- ➢ 仅格式：只保留格式。
- ➢ 链接单元格：将目标单元格和源单元格做链接。

2. 选择性粘贴

复制内容，然后选定要粘贴的位置，单击鼠标右键在弹出的快捷菜单中选择"选择性粘贴"命令，出现"选择性粘贴"对话框，然后进行相应的设置即可，如图 8.6 所示。

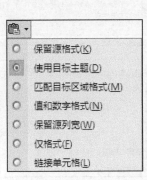

图 8.5 粘贴选项

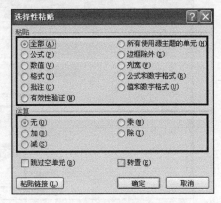

图 8.6 "选择性粘贴"对话框

8.3.2 填充技巧

1. 文本填充

单元格内容是文本格式时，填充选项如图 8.7 所示。
- 复制单元格：复制一份到目标单元格。
- 仅填充格式：只把格式复制到目标单元格。
- 不带格式填充：只填充内容，去除格式。

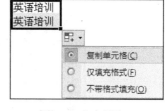

图 8.7　文本填充

2. 数字填充

单元格内容是数字格式时，填充选项如图 8.8 所示。
- 复制单元格：复制一份到目标单元格。
- 填充序列：按照 Execl 内置好的序列填充。
- 仅填充格式：只把格式复制到目标单元格。
- 不带格式填充：只填充内容，去除格式。

3. 日期填充

单元格内容是日期格式时，填充选项如图 8.9 所示。
- 复制单元格：复制一份到目标单元格。
- 填充序列：按照 Execl 内置好的序列填充。
- 仅填充格式：只把格式复制到目标单元格。
- 不带格式填充：只填充内容，去除格式。
- 以天数填充：以自然日填充。
- 以工作日填充：只填充工作日，周六、日不填充。
- 以月填充：例如起始单元格输入 7 月 1 日，如果按月份填充接下来就是 8 月 1 日、9 月 1 日依此类推。
- 以年填充：与月份填充类似，以年为单位向下填充。

图 8.8　数字填充

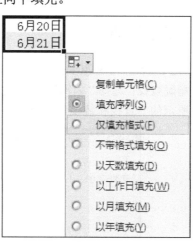

图 8.9　日期填充

4. 预定义序列填充

在"自定义序列"对话框中可添加新的序列，如图 8.10 所示。

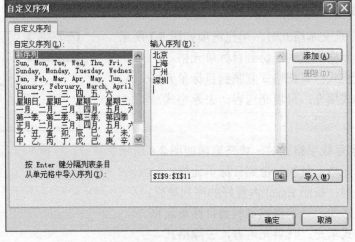

图 8.10　自定义填充系列

5. 填充菜单

在"序列"对话框中可填充菜单，如图 8.11 所示。

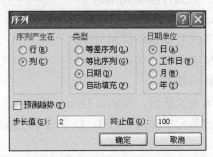

图 8.11　填充菜单

8.3.3　查找技巧

查找是 Execl 中非常重要的功能，有以下几种常用的方式。

> 精确查找：选择"编辑"→"查找"命令或者直接按 Ctrl+F 快捷键，弹出如图 8.12 所示的"查找和替换"对话框，可进行精确查找。

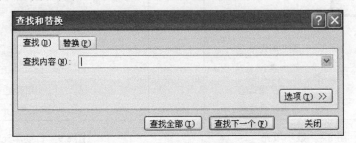

图 8.12　"查找和替换"对话框

- 模糊查找：在 Execl 中，"?"可以代表一个字符，"*"可以代表多个字符，如果想查找姓张并且名字是两个字的，就可以查找"张?"，查找姓张并且名字是三个字的，就可以查找"张??"。
- 定位（按 Ctrl+G 快捷键或 F5 键）：定位具有共同点的某一类单元格（都是常量、都是空值、可见单元格等），如图 8.13 和图 8.14 所示。

图 8.13　"定位"对话框　　　　图 8.14　"定位条件"对话框

8.4　数据分析方法

8.4.1　数据整理与汇总

1. 维度

- 维度的定义：维度是分析目标对象所采用的分析角度，可以是一个或多个属性。
- 维度的特征：维度具有描述性；维度可以指定不同的值；维度可以关联不同的指标。
- 维度的分类：主要维度和次要维度。
- 搜索引擎常见的维度：主要有时间、地域、关键词、创意、入口页面、转化页面、客服、产品类型等。

2. 指标

- 指标的定义：指标是指可以按总数或比率衡量的具体维度元素；指标可以是一个或多个属性组成。
- 指标的特征：指标是可量化的；指标可以关联不同的维度。
- 指标的分类：量指标和质指标。
- 搜索引擎竞价中常见的量指标有展现量、点击量、访问量、邀请量、对话量、信息量、有效量、上门量和成交量。质指标有千次展现成本、点击率、平均点击价格、进入率、邀请率、对话率、有效率和转化率等。图 8.15 所示为量指标与质指标之间的关系，图 8.16 所示为指标与维度之间的关系。

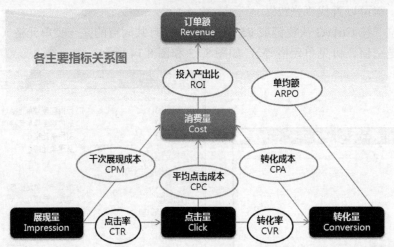

图 8.15　量指标与质指标之间的关系

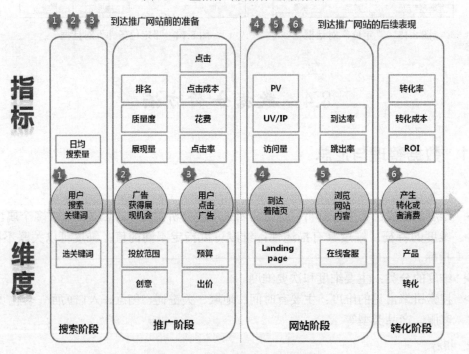

图 8.16　指标与维度之间的关系

8.4.2　竞价账户优化的 4 种方法

账户数据分析优化 4 步法：分析账户整体数据趋势，通过 2/8 原则选择优化样本，通过四象限法确定优化方向，对应漏斗分析优化因素。

第 8 章 数据分析与方案制作

1. 分析账户整体数据趋势（如图 8.17 所示）

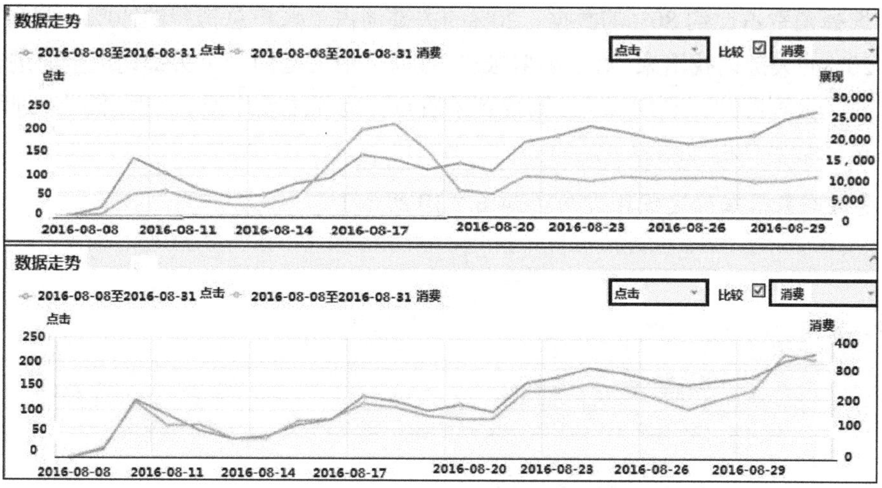

图 8.17 数据趋势

➢ 按推广时间和周期整理好 3 个基础数据，即消费、点击量和展现量。
➢ 对应查看平均点击价格 CPC 和点击率 CTR 的趋势。
➢ 找到波峰波谷出现的时间点，并分析其出现的原因。
➢ 良好的数据表现应该是 CTR 呈上升趋势、CPC 呈下降趋势。

2. 通过 2/8 原则选择优化样本（如图 8.18 所示）

时间	推广计划	账户	展现	点击	消费	点击率	平均点击价格	网页转化	商桥转化	电话转化
2016-08-31	首经贸	优蓝国际	1224	39	106.50	3.19%	2.73	0	0	0
2016-08-31	重要词精确！	优蓝国际	677	12	17.89	1.77%	1.49	0	0	0
2016-08-31	乐语-重要词 [已删除]	优蓝国际	7236	164	202.86	2.27%	1.24	0	2	0
2016-08-31	高铁	优蓝国际	154	4	2.96	2.60%	0.74	0	0	0

时间	推广单元	推广计划	展现	点击	消费	点击率	平均点击价格	网页转化	商桥转化	电话转化
2016-08-31	招生	高铁	46	2	1.56	4.35%	0.78	0	0	0
2016-08-31	招聘	高铁	16	0	0.00	0.00%	0.00	0	0	0
2016-08-31	报考	高铁	2	0	0.00	0.00%	0.00	0	0	0
2016-08-31	要求	高铁	7	0	0.00	0.00%	0.00	0	0	0

时间	关键词/URL	推广单元	推广计划	展现	点击	消费	点击率	平均点击价格	网页转化	商桥转化	电话转化
2016-08-31	首都经济贸易大学航空专业	校区+产品词 空姐	首经贸	252	8	17.35	3.17%	2.17	0	0	0
2016-08-31	首都经济贸易大学空乘专业	校区+产品词 空姐	首经贸	970	31	89.15	3.20%	2.88	0	0	0
2016-08-31	首经贸航空空姐	校区+产品词 空姐	首经贸	2	0	0.00	0.00%	0.00	0	0	0

图 8.18 优化样本

- 选定分析数据波动时间段。
- 选择消费占比约80%的数据：20%的关键词占了账户总消费的80%，则需要把这20%的关键词找出来。对于小型账户，可以一个关键词一个关键词地全面进行分析；对于大型账户，利用2/8法则找到矛盾点。需抓主要矛盾，按照推广计划和单元，选择主要分析样本。

3. 通过四象限法确定优化方向（如图8.19所示）

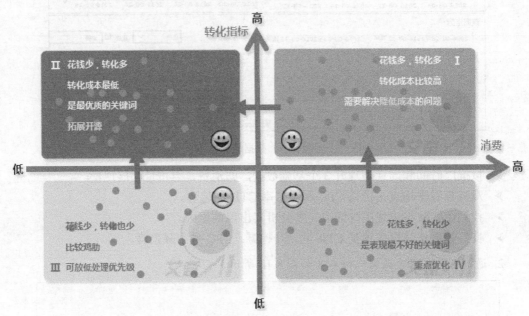

图8.19 优化方向

- 高转化高消费：通用词或产品词居多，优化方向为提升关键词质量度，同时提高网站咨询和线下成单率。
- 高转化低消费：品牌词和企业自身主营业务词，将此象限关键词作为种子词，进行拓词，测试并挖掘出更多优质关键词。另外，可拓宽低成本关键词匹配模式，获得更多展现机会。
- 低转化低消费：放低处理的优先级，先解决其他象限的问题，或尝试短期内放弃低转化低成本而测试转化量提高的方法。从此类词中继续划分子象限，按照2>1>3>4的顺序，漏斗全程调整。
- 低转化高消费：此类词竞争大，成本高，常亏损，可先尝试降低成本往Ⅰ象限靠。优化后仍无起色则可暂停或删除。

4. 对应漏斗分析优化因素（如图8.20所示）

（1）展现量影响因素
- 账户方面：查看预算、地域、时段、账户结构是否存在不合理。
- 关键词方面：有消费关键词数量少，关键词类型较窄，需拓词，关键词匹配限制，关键词排名过于靠后（质量度或出价较低）等。

(2）点击量影响因素
- 账户方面：结构不合理。
- 关键词方面：排名位置不好（质量度或出价较低）。
- 创意方面：相关性不好，吸引力不够。

若想进一步了解影响点击量的原因，可进行以下内容的工作。
- 下载报告。
- 数据筛选。
- 数据下钻，定位原因。

（3）访问量影响因素
- 访问 URL 打开速度有问题。
- 创意与目标页面相关性差。
- 网站吸引力不够。
    - 尝试调整创意。
    - 访问 URL 的更换。
    - 调整网站结构或内容。

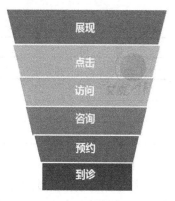

图 8.20　漏斗营销

（4）咨询量影响因素
- 网站建设方面：充分研究浏览者的兴趣、行为和习惯，保证网站的美观性、专业性、互动性。
- 物料选择方面：选择与潜在客户需求相关的关键词，围绕企业的业务及核心优势撰写创意。

（5）订单量影响因素
- 客服团队专业知识、沟通技巧、营销意识。
- 网站订单转化路径。
- 产品价格、公司经营、售后等方面。

案例一：中国鲜花超市网

【案例描述】

中国鲜花超市网是北京地区最具规模的鲜花供应商，并且在百度上做了推广，账户最近几天出现了一些反常情况，最近 5 天账户共计消费 4368.51 元，有 24789 次展现机会，共带来了 686 次点击。详细数据如表 8.1 所示。其中前 4 日在消费变化不大的情况下，展现量和点击量出现了大幅下降，并于第 5 日调整了预算设置，调整了部分关键词出价，展现量和点击量同步上升。

表 8.1　最近 5 日数据

日　　期	展　现　量	点　击　量	消费（元）
1	4929	135	856.92
2	5053	144	842.96

续表

日期	展现量	点击量	消费（元）
3	5138	139	805.14
4	4488	108	848.22
5	5181	160	1015.27
总计	24789	686	4368.51

【优化措施】

第一步：根据需要选择用统计图做一个直观的表述，可以更清晰地看到趋势变化。因第 4 日展现量和点击量出现大幅下降，可先做如图 8.21 所示的展现量统计图。需要注意的是，数据量较少时可以不用做统计图进行查看，数据量较大时使用统计图进行查看，则可以对数据波动一目了然。

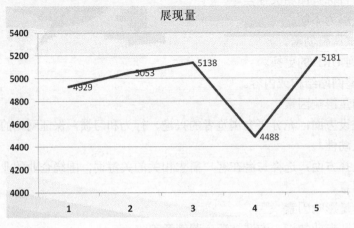

图 8.21　展现量统计图

第二步：进行优化。
- 适当调高关键词出价。
- 修改部分长尾词的匹配模式，由精确匹配改为短语匹配或广泛匹配。
- 增加预算，保证在线时间。

【案例分析】

由展现量统计图中很明显看出，第 4 日展现量相比前 3 日出现大幅度下降，其下降可能存在的原因有以下几点。
- 账户设置可能进行更改：添加了否定关键词、IP 排除或推广时段减少了在线时间等，可以从历史操作查询记录中看出。因账户设置更改是基于对数据分析之后所做出的调整，需继续观察效果。
- 出价偏低，未获得展现机会。
- 关键词匹配模式不合理。

经账户后台查看，下线时间过早。

案例二：建材网

【案例描述】

安居建材是一家传统型老牌建材市场，目前为扩展业务渠道，增加了百度推广渠道，但是目前效果并不是很理想，老板抱怨销售成本太高，订单少。下面通过百度后台摘录的一些数据（见表8.2）来进行分析。

表8.2 安居建材部分数据

关键词	展现	点击	CTR	消费	CPC	订单金额	订单量
装修建材团购	411	1	0%	2	2.44	0	0
建材团购	13045	395	3%	1096	2.77	10783	20
家具团购	776	164	21%	386	2.35	780	3
灯具团购	36	19	53%	45	2.39	922	3
灯具	24361	810	3%	1374	1.70	9582	13
安蒙水槽	24	4	17%	6	1.59	1557	6

（1）应用大数法则，按消费从大到小进行排序，找到最具成本影响的关键词，如表8.3所示。

表8.3 依据消费降序排列后的数据

关键词	展现	点击	CTR	消费	CPC	订单金额	订单量
灯具	24361	810	3%	1374	1.70	9582	13
建材团购	13045	395	3%	1096	2.77	10783	20
家具团购	776	164	21%	386	2.35	780	3
灯具团购	36	19	53%	45	2.39	922	3
安蒙水槽	24	4	17%	6	1.59	1557	6
装修建材团购	411	1	0%	2	2.44	0	0

（2）补充相应的比率数据、平均数据指标，如表8.4所示。

表8.4 补充完整后的数据

关键词	展现	点击	CTR	消费	CPC	订单金额	订单量	单均成本	单均金额	转化率	ROI
灯具	24361	810	3%	1374	1.70	9582	13	106	737	2%	6.97
建材团购	13045	395	3%	1096	2.77	10783	20	55	539	5%	9.84
家具团购	776	164	21%	386	2.35	780	3	129	260	2%	2.02
灯具团购	36	19	53%	45	2.39	922	3	15	307	16%	20.49
安蒙水槽	24	4	17%	6	1.59	1557	6	1	260	150%	259.50
装修建材团购	411	1	0%	2	2.44	0	0				

【案例分析】

在 Execl 中实际分析时，可以把账户中所有在消费的关键词全部罗列出来，选取消费前 100 或者展现前 100，点击前 100，依据大数法则把数据的关键字段依次进行降序排列，并且要把订单相关的数据（订单数量、金额等一切相关的线下数据指标与账户中的数据对接起来）。

在表 8.4 中，通过 ROI 值可以看出，安蒙水槽的投资回报率是最高的，其次是灯具团购和建材团购，而家具团购的投资回报率是最低的，投资回报率低的关键词就是优化入手的地方。安蒙水槽的投资回报率虽然高，但是展现、点击、消费都远低于均值，可以通过适当调价获取更多的展现、点击。实际上无论什么样的优化策略，目标都是朝"低 CPA 高转化"而努力。

8.5 方案制作

8.5.1 互联网营销的因素

1. 企业做互联网营销要考虑的因素

随着网络技术的不断发展，互联网在营销领域发挥着越来越重要的地位，而搜索引擎营销已经成为企业营销中最为重要的一部分。企业在进行搜索引擎营销时，要结合产品的特点和企业自身的情况来选择营销方式，以最小的投入获得最大的访问量并产生商业价值。因此企业在做搜索引擎营销时就要做到知己知彼，才能使营销结果最大化。如图 8.22 所示为互联网营销因素。

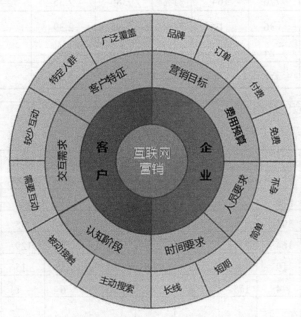

图 8.22 互联网营销因素

- 知己：己指企业，知己是指明确企业的营销需求、预算、人员配备、时间要求等。
- 知彼：彼指客户，知彼是指明确潜在客户是否有明确的特征、是否需要与客户交互、客户对产品的认知阶段。

2. 企业

（1）营销目标
- 品牌：企业的首要营销目标是推广产品或服务的品牌。
- 订单：企业的首要营销目标是获取订单。

（2）费用预算
- 付费：企业的营销预算比较充足。
- 免费：企业的营销预算有限。

（3）人员要求
- 专业：企业有专业网络营销人员或团队。
- 简单：企业没有专业的网络营销人员。

（4）时间要求
- 长线：分阶段达成营销目标。
- 短期：希望达到短期营销目标。

3. 客户

（1）认知阶段
- 主动搜索：处于客户有产品或服务有一定认知后，引发兴趣阶段。
- 被动接触：处于客户对产品或服务不知晓，通过投放吸引关注阶段。

（2）交互要求
- 需要互动：需要用互动方式与客户沟通，促成营销目标。
- 较少互动：不需要或很少需要与客户互动。

（3）客户特征
- 特定人群：针对特定人群，进行精准营销。
- 广泛覆盖：针对广大受众，进行广泛覆盖。

以上是企业做搜索引擎营销时要考虑的两点重要因素，那么 SEMer 在给企业做搜索引擎营销方案时，除了上述两点要考虑外，同时更要细化。因此 SEMer 做搜索引擎营销方案要考虑如下信息：
- 企业的主推产品。
- 企业的营销目标。
- 企业的广告预算。
- 企业的广告投放时长。
- 企业的自身优势。
- 企业的产品特性及优势。
- 企业的网站及着陆页，咨询/注册/购买等是否便捷。

- 企业的目标客群体的特点/兴趣爱好/年龄段等。
- 企业目标客户群体所在地区。
- 企业的考核。
- 企业的品牌影响力及同行业中的地位。
- 竞争对手的信息。
- 企业的产品淡旺季。

8.5.2 方案制作思路

1. 制作思路（如图 8.23 所示）

- 企业主确定投放方向，明确考核目标。
- 通过网民的搜索行为寻找网民的搜索动机，并通过关键词锁定受众。
- 通过企业提供的信息满足搜索者对信息的需要，并达到推广目的。
- 清晰的结构及功能设置，可帮助企业达到更好的推广效果。

图 8.23　制作思路

2. 方案制作思路——网络营销目标（如图 8.24 所示）

- 以品牌为导向树立品牌、新品发布、市场公关、促销活动达到品牌效应的营销目标。
- 以销售为导向电话访问、注册会员、订单转化达到最终达到营销目标。

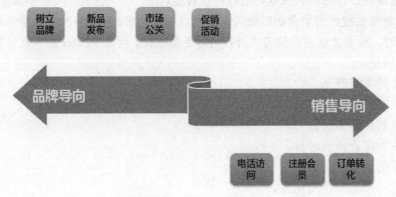

图 8.24　方案制作思路

3. 关键词选择

关键词选择是为了通过网民的搜索行为寻找网民的搜索动机，并通过关键词锁定受众。关键词与创意切合的关键如下。

- 精细化分组：结构相同，语义相近
- 优质的创意表现：是为了通过企业主提供的信息满足搜索者对信息的需要，并达到推广目的。

4. 创意表现（如图 8.25 所示）

图 8.25　创意表现

优质的账户设置是建立在清晰的设置账户结构、灵活地运用各种账户功能、合理地设置出价/匹配的基础上。

5. 账户结构（如图 8.26 所示）

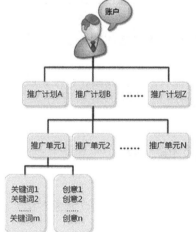

图 8.26　账户结构

如表 8.5 所示为 2012 年的一个租车企业的真实日报，除了关注报表中数据维度外，再看平均 CPC，百度和搜狗的都不高。现在租车类的关键词平均 CPC 是以前的 10 倍以上，可见以前企业对于搜索引擎营销的重视程度不高，竞争不激烈；而现在是互联网时代，中小企业选择搜索引擎营销来推广产品/品牌，竞争是非常激烈的。

表 8.5 日报

日期	百度					搜狗				
	访问	费用	CPC	注册	注册成本	访问	费用	CPC	注册	注册成本
2-6	1 617	4477	2.77	35	127.92	940	858	0.91	12	71.5
2-7	1 623	4553	2.81	32	142.27	1013	858	0.85	9	95.3
2-8	1 561	4309	2.76	29	148.59	907	797	0.88	15	53.1
2-9	1 532	4415	2.88	37	119.33	943	858	0.91	11	78.0
2-10	1 494	3818	2.56	33	115.69	826	797	0.96	13	61.3
2-11（周六）	1 138	2861	2.51	42	68.12	770	700	0.91	17	41.2
2-12（周日）	1 210	2973	2.46	46	64.62	843	755	0.90	18	42.0

本章总结

本章主要讲解了以下内容：
- 认识了二维表、数据准备的常见错误及需要准备的数据项。
- 对于在 Execl 表格中录入整理数据时的常用技巧，如录入技巧、粘贴技巧、填充技巧、查找替换技巧等。
- 文本函数、日期函数等，针对数据报表中常出现数据项进行处理，方便统计。
- 数据透视表与动态数据透视表，对于规整好的数据，使用透视表快速筛选出目标数据，提升数据统计效率。
- 量指标与质指标之间的关系，以及指标与维度之间的关系。同比、环比以及总体与样本等分析方法。
- 数据报告中常用的数据统计图，包括柱状图、折线图、饼图、散点图、雷达图等。
- 在企业工作当中如何制作方案和报表。

本章作业

1. 在 Execl 中，"?"代表一个字符，"*"代表多个字符。（判断对错）
2. 简述数据透视表的使用场景。
3. 常用的图表有几种？简述每种图表的特点。
4. 简单制作一个方案。

百度竞价知识点总结

本章简介

在学完整个 SEM 的课程后,整体回顾学过的知识点,在以后的工作中有极大的帮助。重点知识包括百度搜索推广、数据分析、网盟推广、综合案例分析,希望对读者有所帮助。

本章任务

回顾百度竞价重要知识点百度搜索推广、数据分析、网盟推广、综合案例分析。

本章目标

- ➢ 掌握网络营销的概念及重点理论;通过对百度搜索推广的回顾对整体知识点有一个系统的掌握。
- ➢ 掌握网盟推广、移动端推广、百度客户端、百度推广手机版的重要知识点。
- ➢ 掌握进一步巩固 SEM 重点知识,掌握搭建计划流程和优化账户技巧。

预习作业

请阅读本章内容,完成以下简答题:
1. 创意撰写时通配符和断句符如何使用?
2. 百度搜索推广中要通过哪些步骤来最终确定账户中的关键词?
3. 企业的营销目标是什么?

9.1 百度搜索推广重点回顾

9.1.1 网络营销基础

1. 网络营销对企业的作用

- 构建全新的销售渠道：如电子商务，直接在网上销售产品，进行交易；或者通过网上与客户沟通达成成交意向。
- 开拓新的广告宣传渠道：改变传统只有电视、报纸、广播、广告牌的广告宣传模式，可以增加各种网络广告，扩大了宣传范围。
- 开拓新的业务模式：如在线培训、在线咨询、网络游戏、在线订票等。

2. 不同的企业的网络营销策略

不同的企业要根据自己的产品和服务内容选择不同的网络营销策略，如表9.1所示为企业网络营销策略。

表9.1 企业网络营销策略

企业产品	类别	商品品种	营销方式
实体产品	低价格产品	个人消费产品，低价企业消费产品	在线直接交易
	高价格产品	高价个人消费品，大型机械设备，大宗产品	线上获取联系方式
			线下交易
无形产品	在线服务	电话卡充值，游戏充值	在线直接交易
		远程教育，交友，咨询	
	线下服务	旅游预约，健身，美食	线上获取联系方式
		面授培训，房产中介	线下交易

3. 网络营销的优势

- 宣传覆盖地域广。
- 目标客户互动好。
- 内容质量高，信息量大。
- 便于分析与跟踪。

4. 网络营销的劣势

- 权威度相对较差。
- 对目标客户有要求。
- 不是强迫型媒体。

9.1.2 百度搜索推广

1. 搜索引擎原理

- 特点：关键词为产品，网民是使用者，企业为消费者；按点击次数收费。
- 搜索推广的 3 要素：关键词、创意和 URL。
- 创意的 3 个基本要素：标题、描述和 URL（URL 包含访问 URL 和显示 URL）。

2. 账户级别划分

客户平台权益是百度搜索推广为客户提供的平台差异化服务，按照搜索推广的消费进行级别划分，并用徽章表示，如图 9.1 所示。点亮的徽章越多，表示级别越高，将会享受更优质的平台服务。

徽章	⭐⭐⭐	⭐⭐⭐	⭐⭐⭐	⭐⭐⭐
年日均消费（元）	未生效	0 - 100	100 - 1200	1200以上
计划总数	100	100	100	300
关键词总数	1000	10万	100万	2000万
否定关键词数	200	200	300	400
历史操作记录	3个月内 共5000条记录	3个月内 共5000条记录	6个月内 共1万条记录	12个月内 共5万条记录
搜索词报告	31天	31天	61天	91天

图 9.1 账户级别划分

3. 优秀账户标准

- 推广计划≥2。
- 每个推广单元关键词数量＜30，5～15 个最佳。
- 每个推广单元创意数量至少两条。

4. 制作投放方案

（1）确立营销目标

- 品牌推广。
- 市场公关。
- 主营业务宣传（产品/服务）。
- 活动/促销营销。

（2）研究市场环境

- 行业情况。

- 竞争对手。
- 热点事件。

（3）分析受众人群

分析受众人群的特征，如年龄、地域、性别和检索习惯等。

5. 搭建设置账户流程

（1）根据核心关键词拓展相关关键词
- 关键词工具。
- 词组组合式。
- 搜索词报告。
- 网站统计工具。

（2）筛选相关关键词
- 根据推广需求提炼。
- 根据 KPI 提炼。
- 根据预算提炼。

（3）相关关键词分组
- 关键词转化意向分组法。
- 关键词产品细分分组法。
- 关键词搜索热度分组法。
- 关键词语义分组法。
- 关键词语法结构分组法。

（4）设置关键词匹配方式——精确匹配
- 短语匹配（短语-核心包含、短语-同义包含、短语-精确包含）。
- 广泛匹配。

【经验分享】

关键词匹配方式的选择技巧为：使用广泛匹配+搜索词报告(黄金组合)、短语-核心匹配等方式。核心关键词可以选择精确匹配、短语-同义、短语-精确等方式。

6. 关键词出价

（1）关键词出价的设置

可以在推广单元进行设置，也可以在关键词层级设置，如果两者均进行了设置，将以关键词的出价为准。

（2）关键词出价的影响因素

关键词的竞争力度是指商家竞投关键词的激烈程度，它的高低会直接反映在关键词的出价上，关键词竞争力度越高，关键词的出价就越高；反之关键词出价则越低。

关键词竞争力度体现在关键词搜索量、搜索区域和搜索时段和关键词出价估算 3 个方面。

（3）估算工具

估算工具可以根据关键词出价、推广地域等信息，为关键词在该价位下估算排名，从而选择适合的关键词初始价格，保证关键词获得排名。

第9章 百度竞价知识点总结

【经验分享】

估算工具估算出的价格有时是虚高的，可以考虑在估算价格下适当降低出价。之后从百度搜索前台看一下排名，如果是其他地域，可以利用推广实况看一下排名。

（4）抽样出价

利用数据抽样的办法，从账户中找到具有代表性的关键词进行出价操作，估算关键词展现的价格范围，如表9.2所示。

表9.2 关键词抽样出价

品 牌 词	出 价	产 品 词	出 价	通 用 词	出 价	人 群 词	出 价
品牌词1	30	产品词1	21	通用词1	3	人群词1	1
品牌词2	25	产品词2	14	通用词2	8	人群词2	1.5
品牌词3	27.5	产品词3	7.5	通用词3	1.5	人群词3	2.5
品牌词4	18	产品词4	9	通用词4	4	人群词4	1.4
品牌词5	16	产品词5	18.2	通用词5	1	人群词5	0.8
品牌词6	22	产品词6	15	通用词6	3	人群词6	3.9
平均值	23.08	平均值	14.12	平均值	3.42	平均值	1.85

（5）梯度出价

根据关键词竞争力度的不同设置不同的匹配模式进行出价。例如账户设置两组关键词，一组为精确组计划，另一组为短语/广泛组计划，精确组计划对账户内关键词进行精确投放，保证展现；短语/广泛计划组覆盖未添加的有效关键词，出价调整到精确组的80%，降低成本。

> 根据时段的不同，设置不同的推广计划进行出价。竞争激烈的时段，可以适当地调高出价，保证能展现；在竞争不激烈时，如晚间，可以适度调低关键词出价；或者建立白天和晚间两个推广计划，竞争激烈的白天出价高一些，晚间竞争弱化，出价稍微低一些。

【注意事项】

白天竞争激烈还是晚间竞争激烈是与行业有关的，实际工作中要根据行业特点设置。

> 根据地域的不同，设置不同的推广计划进行出价。根据推广地域竞争情况设置关键词价格，在竞争激烈的地域，关键词出价适当地调高一些，保证有展现的机会；在竞争不激烈的地域，可以选择出价低一些，竞争力度相近的区域可同组投放。

7. 创意撰写

通配符是创意的高级功能，它能帮助创意获得更多的飘红，其形式为{默认关键词}。

> 通配符的作用：插入通配符的创意在展现时，将以触发的关键词替代通配符标志。
> 使用通配符的好处：增加创意飘红概率，吸引网民关注；增强网民搜索词、关键词和创意之间的相关性，达到更好的用户体验。

（1）创意展现位置对字符的限制

创意在不同展现位置，展示出的内容是有差异的，如表 9.3 所示为创意展现位置与字数展示。

表9.3 创意展现位置与数字展示

展现位置	标题	描述 1	描述 2
左侧推广	显示全部	显示全部	与描述1拼接，全部显示
左侧推广链接	显示全部	显示全部	不显示
移动端推广位	全部显示	全部显示	与描述1拼接，显示前46个字符

（2）创意撰写规则

显示 URL，必须与账户推广的网站的主域名保持一致；访问 URL，设置为与该关键词/创意内容直接相关的网页，并保证能够正常访问；创意内容不能使用特殊符号，如【】『』○●△▲◎☆★◇◆□■▽▼⊙¤等；避免在创意的标题、描述中加网址；不可贬低其他客户或与之直接比较；不可含有赌博、色情等宣传非法内容或有悖公序良俗的词汇。

（3）创意撰写技巧

- 通配符数量：一个创意中通配符数量应该控制在 0～8 个；在标题或描述中的通配符应该控制在 3 个以内。
- 通配符位置：标题>描述 1>描述 2；前置>后置。
- 通配符默认关键词：短字符关键词的推广单元，使用推广单元中字符最长关键词；包含多个最长关键词的单元取字符数相同的关键词；长字符关键词的推广单元，使用与推广单元中词意相近的核心词。
- 相关性：关键词和创意的相关性，即围绕关键词撰写创意；关键词、创意和访问 URL 的相关性。

（4）特殊创意

- 蹊径。
- 推广电话。
- 优惠页推广。
- 网站头像。
- 加 V 认证。
- 百度闪投。

8. URL

（1）URL 的分类

- 从所属对象划分：创意 URL 和关键词 URL。
- 从访问终端划分：计算机 URL 和移动 URL。
- 从功能作用划分：显示 URL 和访问 URL。

（2）URL 设置技巧

- 可将显示 URL 编辑为首选域形式，这样简单记忆、容易被网民熟知；有一定品牌影响力的企业可提升品牌名称曝光度。

➢ 可将显示 URL 编辑为二级域名形式，添加引导性前缀，能体现较高的页面相关度、公司专业度；所编辑的域名最好实际存在，否则会造成直接访问访客的流失。

9. 常见的账户辅助功能介绍

➢ 预算设置。
➢ 推广地域设置。
➢ 推广时段设置。
➢ IP 排除设置。
➢ 精确匹配扩展。
➢ 创意展现方式。
➢ 移动出价比例。

账户的一些功能设置可以在不同层级设置，如表 9.4 所示。

表 9.4　账户功能设置汇总

账户辅助功能	账户层级	计划层级
预算设置	√	√
推广地域设置	√	√
推广时段设置		√
IP 排除设置	√	√
精确匹配扩展	√	
创意展现方式		√
移动出价比例		√

9.2　数据分析

1. 网站统计专业名词

IP、PV、UV、跳出率、新访客数、转化率和退出率。

2. 网站数据分析模型

➢ 流量数据分析。
➢ 网页内容分析。
➢ 转化效果分析。

3. 统计报告

➢ 搜索词报告。
➢ 历史操作查询。
➢ 优化建议。

4. Execl 技巧
- 录入技巧。
- 粘贴技巧。
- 填充技巧。
- 查找替换技巧。

5. 账户结构优化

账户优化是一个长期的过程，需要不断积累经验，如何对账户进行判断呢？可以参考表 9.5 所示的账户优化方法。

表 9.5 账户优化方法

观察指标		判断标准	方　法
账户结构		是否清晰	确保各推广单元的创意和关键词匹配
			意义相近结构相同的关键词放在同一个推广单元里
关键词是否达到预期 KPI		是/否	区分好词、坏词，分别对待
创意撰写		是否放入技巧、通配符，断句是否通顺，是否有吸引力，展现模式是否合理	飘红、相关、通顺、吸引力
展现模式			优选显示 or 轮替显示
账户设置	时段	是/否	在线时段和网民分时检索趋势对比
	地域	是/否	对于地域性强的产品必须设置，否则不应该设置地域限制
	否定关键词	是/否	通过搜索词报告，找出和产品不相关的词，精确否定关键词

6. 确定问题指标

（1）展现低

排除账户设置不合理的因素后，可从词的本身分析。

- 关键词类型较窄。

　解决方法：拓词，或增加多种类型的词。

- 关键词匹配问题。

　解决方法：从精确调整到短语或广泛进行测试。

- 关键词排名过于靠后。

　解决方法：通过对出价和创意的优化进行测试。

（2）高展现但低点击

原因分析：

- 广告位置不好。
- 创意不够吸引力。
- 相关性较差。

解决方法：

步骤一，下载报告：下载并筛选点击量为零（或低于账户平均值）而展现不为零的关键词报告。

步骤二，数据筛选：将筛选出关键词按展现量降序排列，挑出 TOP 关键词。若关键词数目较多，也可用数据透视表筛出展现量较高的单元，对单元进行优化。

步骤三，数据下钻，定位原因：查看筛选出的关键词及单元出价、创意、排名等情况，找出原因，进行优化。

（3）停留时间短/跳出率高

原因分析：

- 创意的调整。
- 访问 URL 的更换。
- 网站自身建设。

解决方法：

- 尝试调整创意：调整创意的撰写角度，或提高对应关键词与创意的相关性。
- 访问 URL 的更换：对访问 URL 指向的页面进行更换，进行 A/B 测试。
- 调整网站结构或内容：根据监测工具查看数据报告，如对热力图的分析，找出网站本身存在的问题。

（4）转化量低

原因分析：

- 网站整体印象。
- 网站内容相关性。
- 网站互动方便性。

网站改进建议：

- 引导：研究浏览者的兴趣、行为和习惯。
- 解答：从顾客角度提供信息，解除疑问。
- 工具：有效利用网络营销工具及功能设置。

9.3 网盟推广知识点回顾

9.3.1 网盟推广

网盟推广知识点的重点是掌握网络硬广告的分类以及百度网盟的推广过程。

百度网盟的推广过程如下：

- 确定网盟账户结构，掌握账户结构的划分思路。
- 学会使用创意专家工具制作网盟创意。
- 掌握网盟推广中的 4 大定向方式。

1. 百度网盟账户结构划分思路

（1）按产品搭建合理的账户结构，如表9.6所示，按照产品不同划分计划和推广组。

表 9.6　按产品搭建账户结构

账户：某化妆品类广告主			
推广计划：彩妆香水		推广计划：洁肤护肤	
日预算：400元		日预算：600元	
推广组：彩妆	推广组：香水	推广组：护肤	推广组：洁肤
投放：10个行业	投放：8个行业	投放：12个行业	投放：12个行业
点击单价：0.3元	点击单价：0.3元	点击单价：0.6元	点击单价：0.6元

（2）按网站搭建合理的账户结构，如表9.7所示，按照网站不同划分计划和推广组。

表 9.7　按网站搭建账户结构

账户：某减肥广告主			
推广计划：图片计划		推广计划：文字计划	
日预算：300元		日预算：200元	
推广组：女性时尚	推广组：休闲	推广组：影音娱乐	推广组：文学
投放：一个行业	投放：一个行业	投放：一个行业	投放：一个行业
点击单价：0.6元	点击单价：0.6元	点击单价：0.3元	点击单价：0.3元

（3）按推广物料搭建合理的账户结构，如表9.8所示，按照推广物料的不同划分计划和推广组。

表 9.8　按推广物料搭建账户结构

账户：某医疗健康广告主		
推广计划：文字计划	推广计划：图片/Flash 计划	
日预算：100元	日预算：400元	
推广组：文字	推广组：图片	推广组：Flash
投放站点：15个行业	投放站点：10个行业	投放站点：5个行业
点击单价：0.3元	点击单价：0.6元	点击单价：0.7元

（4）按地域搭建合理的账户结构，如表9.9所示，按照地域不同划分计划和推广组。

表 9.9　按地域搭建账户结构

账户：某B2B广告主		
推广计划：重点地区		推广计划：其他地区
日预算：400元		日预算：200元
推广组：本市	推广组：本省	推广组：周边地区
投放站点：5个行业	投放站点：10个行业	投放站点：20个行业
投放地域：杭州市	投放地域：浙江省	投放地域：上海市、江苏省
点击单价：0.7元	点击单价：0.5元	点击单价：0.3元

第 9 章　百度竞价知识点总结

（5）多维组合搭建合理的账户结构，如表 9.10 所示，网站、推广物料等组合划分计划和推广组。

表 9.10　多维组合搭建账户结构

账户：某在线商城广告主			
推广计划：化妆品		推广计划：护肤	
日预算：600 元		日预算：500 元	
推广组：时尚女性图片	推广组：时尚女性文字	推广组：音乐影视图片	推广组：音乐影视文字
投放站点：一个行业	投放站点：一个行业	投放站点：一个行业	投放站点：一个行业
点击单价：0.7 元	点击单价：0.4 元	点击单价：0.6 元	点击单价：0.3 元

【经验分享】

百度网盟中划分计划和推广组时，并不局限于文中提到的 5 种划分思路，在划分时以便于管理账户为前提即可。

2. 百度网盟创意制作

（1）百度网盟的创意一般有固定形式、悬浮形式和贴片形式，其中固定形式一般会包含文字、图片和 Flash 3 种物料，悬浮形式和贴片形式一般包含图片和 Flash 两种物料。

（2）制作百度网盟创意时可使用创意专家工具制作不同尺寸的物料。

【注意事项】

- 图片创意时要有吸引力。
- 文字创意要有号召力和影响力。
- 制作创意时，要添加公司 Logo，扩大品牌影响力。
- 制作创意时，要添加公司联系方式，以方便潜在客户及时和公司沟通，减少转化时间。

3. 四大定向方式

百度网盟的定向方式包括地域定向、兴趣定向、关键词定向和到访定向。

（1）地域定向原理，是一种基于自然属性的定向方式。企业主可以按照企业特征或产品定位，对投放区域进行个性化选择；企业主可以指定投放具体的省市（二级城市；直辖市的区），投放更加精确，经济。

（2）兴趣定向原理，是一种基于网民兴趣爱好的定向方式；企业主选择兴趣定向，可以根据网民历史搜索及浏览行为等信息，找到其兴趣点"投其所好"进行有针对性的广告展示，以激发网民需求。目前百度网盟中可供选择的网民的兴趣点分为 29 个一级兴趣点和 119 个二级兴趣点。

（3）关键词定向原理，是一种基于网民搜索行为的定向方式。每一个关键词背后都反映了网民的强烈需求，也是企业主开展营销攻势的最好时机。网盟关键词定向是基于网民的搜索和浏览行为来锁定目标受众的；基于搜索行为定向是指在百度搜索过指定关键词的人，在其浏览企业主指定的投放网站时展示推广信息。例如，某电商客户为其手机产品设定了"手机"关键词，当网民在百度上搜过"手机"关键词之后，系统则会锁定这些网民在其浏览企业主指定的投放网站时展示推广信息，如图 9.2 所示。

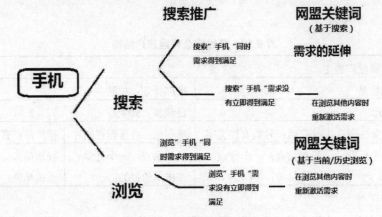

图 9.2 关键词定向原理

（4）到访定向原理，是一种基于网民访问特定页面的定向方式。针对曾经到访过网站某一页面的访客，在其访问百度联盟网站时，向其展示特定的推广信息，吸引其回头，激发其购买意愿，从而达成交易。

【经验分享】

一般企业产品有地域限制时，推荐企业使用地域定向方式，可使投放更精准，节省费用；电商行业选用关键词定向方式较多。企业在使用到访定向方式时，要注意网民在网站的访问深度往往决定了客户的意向程度，所以在线客服人员对于进入网站二级页面甚至更深级页面的访客要密切关注。

9.3.2 移动端推广知识点回顾

1. 百度移动端建站方法

（1）制作推广名片步骤

第一步：选择名片模板。

第二步：设置名片信息。

第三步：进行提交。

（2）Site App 建站步骤

第一步：添加站点。

第二步：定制效果。

第三步：验证权限。

2. 百度移动端推广优化方法

（1）移动站点质量度优化

➢ 页面设计：减少移动站的页面层级，降低用户认知程度，一个标准的移动站应该包含首页、列表页和详情页 3 种类型，以满足广告主的推广需求和用户的认知需要;页面类型及层级建议不超过 3 个，保证简单、高效的用户体验。使用尽量浅的页间结构，减少用户点击次数，提升浏览体验。

- 内容设置：内容要与推广关键词、创意具有相关性，重要信息首屏显示。
- 优化页面性能：主要是指优化 HTML、Java Script 和图片大小等。此部分内容主要是由网站技术人员操作，作为推广人员只需提出优化建议即可。

（2）移动推广优化方法
- 移动网站分网页进行投放。
- 无线端优化创意。
- 单独建立移动推广计划。
- 对数据进行分析优化。

9.3.3 推广客户端知识点回顾

主要是掌握搜索推广和网盟推广的主要工具功能以及使用方法。

1. 搜索推广主要工具

- 批量编辑：主要是批量添加关键词、创意和批量修改创意。
- 关键词工具：主要是扩展关键词。
- 高级搜索：主要是快速查找物料。

2. 网盟推广主要工具

- 复制工具：主要是复制推广组和创意。
- 关键词工具：主要是从搜索推广导入关键词。
- 网站选择工具：主要是可以多维度选择网站。

9.3.4 手机版知识点回顾

使用推广手机版主要是可以快速查看账户相关数据和紧急处理账户，还可使用优化包添加好词。

1. 查看数据

手机版百度账户首页面可查看今日数据，包括展现、点击消费和平均点击价格等数据。另外，还可以从搜索推广报表查看今日与昨日数据相比较的数据波动情况，还可查看具体计划、单元消费排名情况。

2. 紧急处理账户

- 可随时暂停或启用账户中各个层级。
- 可随时修改推广时段、预算或关键词出价。

3. 使用优化包优化账户

手机版中的百度账户包含看排名、添好词、拓客源、超排名 4 种建议，其中最常用的是添加好词建议。

9.4 综合案例分析

9.4.1 案例说明

公司简介：北京蝶之梦鲜花店是一家新开的花店，主营各种玫瑰花、百合花、康乃馨等花，允许私人定制，100%新鲜鲜花，5小时即可送达，不满意100%退赔。

经过对市场环境和竞争对手的分析，利用搜索推广和网盟推广方式能较快达成营销目的，所以安排开通百度搜索推广和网盟推广账户，在PC和移动端均投放，月预算3万元，希望尽快提高营业额。

9.4.2 PC端百度搜索推广账户搭建及设置

搜索推广账户搭建步骤如下：

（1）挖掘关键词

寻找核心关键词，如鲜花速递、鲜花预定、鲜花快递、鲜花礼盒、传情花束、精致花篮、精品鲜花、节日鲜花等。核心关键词的寻找方法有以下几种：

- 拓展关键词：关键词工具、词组组合式、搜索词报告、网站统计工具。
- 筛选关键词：根据推广需求提炼、根据KPI提炼、根据预算提炼。
- 关键词分组：关键词转化意向分组法、关键词产品细分分组法、关键词搜索热度分组法、关键词语义分组法、关键词语法结构分组法。

（2）撰写创意

批量撰写创意可以在Excel中完成，依据分好组的关键词为每个单元撰写不少于两条的创意，要注意创意撰写要符合飘红、相关、通顺3个要素，创意要做到升华还需要写的有"创意"，吸引人的点，如免费试听、来电（店）有惊喜、省时省力、买一送一、8折优惠等，使用得当的号召性语言，如立即购买、马上参加、赶紧报名。

（3）搭建账户结构

对核心关键词和拓展来的相关关键词进行划分，梳理清楚计划层级、单元层级、单元内关键词，要符合百度优质账户法则，计划数应在两个以上，单元内的关键词划分要遵循"语意相近，结构相同"的原则。

（4）添加关键词和创意

使用百度推广客户端将分组完毕的关键词批量上传到账户中（推广客户端支持Excel文件，直接在Excel中编辑完成即可，列表要根据客户端要求排好顺序），在关键词上传账户以后，把创意也上传到账户中。

（5）关键词相关设置

- 匹配方式设置：核心关键词可以选择精确匹配、短语匹配-精确包含，配合搜索词报告和否定关键词使用，长尾词可以考虑短语匹配和广泛匹配（配合搜索词报告和否定关键词使用）。

➢ 出价设置：利用估算工具估算，可以稍微比估算出的价格低一些。
（6）账户相关设置
➢ 预算设置：每天 800 元。
➢ 投放区域设置：北京地区。
➢ 推广时段设置：8:00—24:00。
➢ 否定关键词：种植、栽培（包括但不限于以上这些）。
➢ IP 排除：可以先排除本公司内部的 IP 地址。

【注意事项】

以上步骤仅供参考，其中步骤（2）和步骤（3）可以调换，新账户批量添加关键词时可以调换次序。

9.4.3　PC 端网盟账户搭建及创意制作

1. 账户搭建

（1）网盟账户搭建

推广计划	玫瑰花	百合花	康乃馨
推广组 1	纯文字	图文混排	图片
推广组 2	……	……	……
推广组 3			

（2）推广计划及推广组划分

➢ 按产品细分玫瑰花、百合花、康乃馨。
➢ 按投放网站细分美容、减肥、时尚等。
➢ 按地域划分（直辖市可以细分到区）。
➢ 按物料展现形式划分（文字、图文混排、图片）。
➢ 按预算划分（新产品，重点产品新建一个计划和推广组）。
➢ 按转化意向划分（转化率高的划分到一起）。

2. 创意制作

（1）文字创意

标题：蝶之梦定制你的专属玫瑰。
描述：来蝶之梦订购玫瑰，100%鲜花，不满意全额退款。
描述：浪漫心语蝶之梦 5 小时助你送达，400-800-××××。
图文创意如图 9.3 所示。

图 9.3　创意

例如：需要美工人员把 Logo、营销广告语、创意、产品理念等等销售元素融合到图片中，对于设计者有较高的要求，示例如图 9.4 所示。

图 9.4　网盟广告素材展示

3. 账户设置

- 预算设置：200 元/天。
- 地域选择：北京市。
- 兴趣选择：玫瑰花：选择年轻男生的兴趣点。
- 生活服务、汽车、游戏、旅游等。
- 网站选择：悠闲娱乐、游戏、生活服务、体育运动、交通旅游等。
- 出价：设置不要太高，初始设置 0.5 元左右即可。

9.4.4　数据分析及账户优化

1. 数据获取

百度账户后台数据报表、推广客户端数据报表下载、百度统计相关数据、网站在线咨询系统数据（商务通、live800、乐语等）。

2. 数据汇总

汇总搜索词、对话搜索词、成单搜索词这 3 种搜索词，从账户后台下载关键词消费报表（包含关键词出价、消费、点击、点击价格、着陆页等），数据整合，把搜索词、关键词、消费等这些数据对接起来，这样一个看似简单实则精细的数据分析已经跃然纸上了。

3. 数据分析

数据汇总整合之后就可以对数据进行分析了，找出反常态化的数据，如果想更直观地展现，可以把消费前一百或者预约对话前一百的用数据透视表的方式展现出来这样更直观明了，在分析中往往会出现以下几个问题。

（1）展现低

排除账户设置不合理的因素，可以从关键词本身分析。一是关键词覆盖面比较窄，拓展关键词丰富账户结构；二是关键词匹配问题，从精确调整到短语或者广泛进行测试；三是关键词排位不理想，通过调整出价和创意优化进行测试。

（2）高展现低点击

- 广告位置不好。
- 创意不够吸引力。
- 相关性较差。

步骤一，下载报告：下载并筛选点击量为零（或低于账户平均值）而展现不为零的关键词报告。

步骤二，数据筛选：将筛选出关键词按展现量降序排列，挑出 TOP 关键词，关键词数目较多，也可用数据透视表筛出展现量较高的单元，对单元进行优化。

步骤三，数据下钻，定位原因：查看筛选出的关键词及单元出价、创意、排名等情况，找出原因，进行优化。

（3）访问时长短/跳出率高
- 创意的调整。
- 访问 URL 的更换。
- 网站自身建设。

尝试调整创意：调整创意的撰写角度，或提高对应关键词与创意的相关性。

访问 URL 的更换：对访问 URL 指向的页面进行更换，进行 A/B 测试。

调整网站结构或内容：根据监测工具查看数据报告，如对热力图的分析，找出网站本身存在的问题。

（4）转化少
- 网站整体印象。
- 网站内容相关性。
- 网站互动方便性。

网站改进建议：
- 引导：研究浏览者的兴趣、行为和习惯。
- 解答：从顾客角度提供信息，解除疑问。
- 工具：效利用丰富网络营销工具。

4. 账户优化

如果前 4 日消费变化不大，展现量和点击量大幅下降，点击率也下降了，首先解决展现量下降问题（数据分析课程所用数据）。展现量下降可能是以下原因：账户设置更改，添加了否定关键词、IP 排除、推广时段缩减、出价偏低、修改了关键词的匹配方式、预算导致下线过早。以下是具体处理时的几种场景：
- 账户设置更改是基于对数据分析之后所做出的调整，需继续观察效果。
- 适当调高重点词的出价。
- 关键词匹配方式修改是基于整体账户设置，继续保持核心词使用精确匹配或者短语匹配-精确包含，其他词暂时不做调整（备注：可以适当调整其他词到短语匹配或者广泛匹配）。
- 经账户后台查看，账户下线时间过早，适当增加了预算，保证在线时间。

9.4.5 方案制作

（1）企业做互联网营销要考虑的因素。
（2）方案制作思路。
（3）方案制作思路——网络营销目标。
（4）网络营销目标&主要关键指标 KPI。
（5）关键词选择。
（6）创意表现。

(7）账户结构——推广计划、推广单元设置要点。
(8）将对的信息传达给对的人。
(9）按照用户需求，细分产品层级。
(10）将产品层级和账户层级对应。

本 章 总 结

本章主要讲解了以下内容：
- 网络营销对企业在广告宣传、开拓销售渠道和业务模式上的作用；企业要根据自身产品特点针对性选择营销策略；网络营销的优势与劣势；消费者产品购买行为的外在和内在因素；百度搜索推广的原理；找词、扩词编写创意的方法账户的分析。
- 百度网盟推广制作和优化方法。
- 综合案例分析掌握整体知识运用。
- 在企业工作中如何制作方案。

本 章 作 业

1. 注册一个免费百度推广账号，登录手机版熟悉账户后台操作步骤。
2. 创意撰写时通配符和断句符如何使用？
3. 百度搜索推广中要通过哪些步骤来最终确定账户中的关键词？
4. 企业的营销目标是什么？

版 权 声 明

为了促进职业教育发展、知识传播和学习优秀作品,作者选用了一些知名网站、企业的相关内容,包括网站内容、企业Logo、宣传图片、网站设计等。为了尊重这些内容所有者的权利,特此声明:

1. 凡在本资料中涉及的版权、著作权、商标权等权益,均属于原作品版权人、著作权人、商标权人所有。

2. 为了维护原作品相关权益人的权利,现对本书中选用的资料出处给予说明(排名不分先后)。

序 号	选用网站、作品、Logo	版 权 归 属
1	百度网址、百度营销大学	北京百度网讯科技有限公司
2	糯米官网	北京糯米网科技发展有限公司
3	携程酒店	携程国际有限公司
4	格林豪泰酒店	格林豪泰酒店(中国)有限公司
5	北京丽都医疗美容院	北京丽都医疗美容医院有限公司

由于篇幅有限,以上列表中无法全部列出所选资料的出处,请见谅。在此,衷心感谢所有原作品的相关版权权益人及所属公司对职业教育的大力支持!